JOYCE MEYER

Não ande ANSIOSO Por coisa ALGUMA

A ARTE DE RELAXAR E DESCANSAR EM DEUS

Belo Horizonte

Diretor
Lester Bello

Autora
Joyce Meyer

Título Original
Be Anxious for Nothing

Tradução
Maria Lucia Godde / Idiomas & Cia

Revisão
Idiomas & Cia / Silvia Calmon / Ana Lacerda
/Elizabeth Jany / Mércia Padovani

Diagramação
Julio Fado
Ronald Machado (Direção de arte)

Design capa (adaptação)
Fernando Rezende
Ronald Machado (Direção de arte)

Impressão e Acabamento
Promove Artes Gráficas e Editora

bello

Rua Major Delfino de Paula, 1212
Bairro São Francisco, CEP 31.255-170
Belo Horizonte/MG - Brasil
contato@belloeditora.com
www.belloeditora.com

Publicado pela
Bello Comércio e Publicações Ltda-ME
com a devida autorização de
Hachette Book Group e todos
os direitos reservados.

Primeira edição – Julho de 2012
5.ª Reimpressão — Março de 2016

Exceto em caso de indicação em contrário, todas as citações bíblicas foram extraídas da Bíblia Sagrada Nova Versão Internacional (NVI), 2000, Editora Vida. Outras versões utilizadas: AA (Almeida Atualizada, SBB), ARA (Almeida Revista e Atualizada, SBB) e ACF (Almeida Corrigida Fiel, SBTB). A seguinte versão foi traduzida livremente do idioma inglês em função da inexistência de tradução no idioma português: AMP (Amplified Bible).

CIP-BRASIL. CATALOGAÇÃO NA FONTE

Meyer, Joyce
M612 Não ande ansioso por coisa alguma: a arte de relaxar e descansar em Deus / Joyce Meyer; tradução de Maria Lucia Godde / Idiomas & Cia. – Belo Horizonte: Bello Publicações. 2016.
208p.
Título original: Be anxious for nothing

ISBN: 978-85-61721-89-3

1. Fé em Deus. 2. Ansiedade – Aspectos religiosos. I. Título.

CDD: 234.2
CDU: 230.112

SUMÁRIO

INTRODUÇÃO

Não andeis ansiosos por coisa alguma; antes em tudo sejam os vossos pedidos conhecidos diante de Deus pela oração e súplica com ações de graças; e a paz de Deus, que excede todo o entendimento, guardará os vossos corações e os vossos pensamentos em Cristo Jesus.

Filipenses 4:6-7, AA

Humilhai-vos, pois, debaixo da potente mão de Deus, para que a seu tempo vos exalte; lançando sobre ele toda a vossa ansiedade, porque Ele tem cuidado de vós.

1 Pedro 5:6-7, AA

A PAZ DEVE SER UMA condição normal e comum a todos nós como crentes em Jesus Cristo. Mas apenas alguns poucos dos que fazem parte do povo de Deus estão dela desfrutando como parte de suas vidas diárias.

Em Sua Palavra, Deus nos diz para não andarmos ansiosos por coisa alguma e para lançarmos a nossa ansiedade sobre Ele. Muitas pessoas estão familiarizadas com essas Escrituras, mas não sabem como fazer o que as Escrituras as instruem. Por vezes, estamos tão acostumados a reagir de uma maneira natural às circunstâncias que vivemos na vida, assim como os incrédulos que nos cercam fazem, que gastamos muito do nosso tempo embaraçados em meio à preocupação e à confusão, quando poderíamos estar desfrutando a vida abundante e a paz que Deus tem para nós!

No meu caso, vivia em um estado de tamanho tumulto por tantos anos que nem sequer percebia o quanto eu realmente era anormal. Foi somente quando comecei a estudar a Palavra de Deus e a aplicá-la à minha vida que comecei a experimentar a paz de Deus.

Durante algum tempo, quando comecei a experimentar a paz de Deus, por mais estranho que pareça: fiquei entediada! Estava acostumada a estar sempre envolvida em um terrível caos — em uma grande bagunça. Mas agora não consigo suportar ficar angustiada. Não gosto nem mesmo de me apressar, de tanto que eu amo, aprecio e desfruto a paz de Deus que alcançou todas as áreas da minha vida. Tenho paz na minha mente e nas minhas emoções — com relação à minha família, ao meu ministério — e tudo mais.

Neste livro, examinamos as passagens bíblicas que nos mostram como podemos nos livrar da nossa ansiedade, e aprendemos algumas maneiras práticas de aplicar estas passagens bíblicas às nossas vidas. Também identificamos áreas específicas, reações ou hábitos que permitem a entrada da ansiedade em nossa vida, além de algumas ações dirigidas por Deus e revestidas pelo Seu poder que podemos colocar em prática para impedir o acontecimento de certas situações desagradáveis, que nos levam facilmente à ansiedade.

Se você não está vivendo na paz de Deus, saiba que viver com essa paz pode passar a ser um estado normal para você, todos os dias de sua vida.

Parte 1

Não Ande Ansioso por Coisa Alguma

1. JESUS E A PAZ

Deixo-lhes a paz; a minha paz lhes dou.
Não a dou como o mundo a dá...
João 14:27

A AFIRMAÇÃO DE JESUS acima é proferida como se Ele tivesse desejado, por Sua vontade, nos dar a Sua paz. Jesus nos deixou a Sua paz. Sendo assim, o fato de um crente viver em constante tumulto, ansiedade, preocupação, medo e frustração é anormal. Deus não quer que vivamos assim. A Bíblia nos mostra como receber e viver na paz que Jesus nos deixou.

Como crentes, somos muito bem protegidos por Deus, tanto nós como tudo ao nosso redor (Salmos 91). Deus quer nos abençoar abundantemente e está sempre procurando maneiras de nos abençoar e nos alcançar com o Seu amor, para que estejamos mais abertos para receber as Suas bênçãos (João 10:10; Efésios 3:20, 2 Crônicas 16:9).

Mas a nossa salvação como cristãos não garante uma vida livre de problemas; ainda enfrentaremos problemas. Cada um de nós, em diferentes momentos de nossa vida, passa por períodos em que as coisas não acontecem como gostaríamos. Mas Jesus, o Príncipe da Paz (Isaías 9:6), venceu o mundo.

> Eu lhes disse essas coisas para que em mim vocês tenham paz. Neste mundo vocês terão aflições; contudo, tenham ânimo! Eu venci o mundo.
>
> João 16:33

Em João 14:1, logo antes de Seu retorno para o Pai no céu, Jesus nos deixou as seguintes palavras:

> Não se perturbe o coração de vocês. Creiam em Deus; creiam também em mim.

A continuação do versículo de João 14:27, parcialmente citado no início deste capítulo, diz:

> ... Não perturbe o seu coração, nem tenham medo.

Romanos 14:17 nos diz que a vida do Reino é justiça, paz e alegria no Espírito Santo. Lucas 17:21 nos diz que o Reino de Deus está dentro de nós. Fomos justificados, ou colocados em posição correta perante Deus, quando entramos em um relacionamento pessoal com Jesus. (2 Coríntios 5:21). A alegria e a paz são parte do fruto do Espírito Santo (Gálatas 5:22, 23) e estão no interior daqueles que creem em Jesus. Estão prontas para serem liberadas. Entramos na alegria e na paz do Reino de Deus quando cremos.

SIMPLESMENTE CREIA

Na passagem a seguir nos é dito que o Deus da esperança nos encherá de alegria e paz ao crermos nisso, para que possamos abundar e transbordar de esperança.

> Que o Deus da esperança os encha de toda alegria e paz, por sua confiança nele, para que vocês transbordem de esperança, pelo poder do Espírito Santo.
>
> Romanos 15:13

Além disso, de acordo com o escritor de Hebreus, nós que verdadeiramente cremos podemos entrar no abençoado descanso sabático do Senhor. Leia:

> Assim, ainda resta um descanso sabático para o povo de Deus; pois todo aquele que entra no descanso de Deus, também descansa das suas obras, como Deus descansou das suas. Portanto, esforcemo-nos por entrar nesse descanso, para que ninguém venha a cair, seguindo aquele exemplo de desobediência.
>
> Hebreus 4:9-11

No descanso sabático do Senhor, podemos interromper o cansaço e a dor do trabalho humano. O que é necessário para entrar nesse descanso? Uma atitude de fé como a de uma criança.

Lemos em Marcos 10:15 que Jesus disse aos Seus discípulos: *Digo-lhes a verdade: Quem não receber o Reino de Deus como uma criança, nunca entrará nele.*

A fé de uma criança é simples. Uma criança não tenta entender tudo e fazer um plano por escrito bem detalhado sobre como exatamente resolverá o problema. Ela simplesmente acredita na solução porque seus pais disseram que cuidariam do problema.

Se os membros da igreja perderam a alegria da salvação que havia em seus corações, às vezes o motivo é que o fundamento da sua alegria está colocado sobre as bases erradas.

Quando Jesus enviou os setenta para ministrarem às necessidades de outros em Seu nome, eles voltaram se regozijando por terem poder sobre os demônios. Mas Jesus lhes disse: "Alegrem-

-se, não porque os espíritos se submetem a vocês, mas porque seus nomes estão escritos nos céus" (Lucas 10:20).

Jesus nos diz que devemos nos alegrar, não por termos poder sobre os demônios ou sobre as circunstâncias desta vida, mas porque nossos nomes estão escritos no céu. Habacuque 3:18 (AA) diz: "todavia eu me alegrarei no Senhor, exultarei no Deus da minha salvação". A alegria da nossa salvação vem da alegria do primeiro e maior presente de todos — o amor de Deus por nós, expresso por intermédio do Seu Filho Cristo Jesus.

Como crentes, a nossa alegria e paz não se baseiam em *fazer* e *realizar*, mas em *crer*. A alegria e a paz vêm como resultado de edificarmos nosso relacionamento com o Senhor. O Salmo 16:11 nos diz que na Sua presença há plenitude de alegria. Se recebemos Jesus como nosso Salvador e Senhor, então Ele, o Príncipe da Paz, está vivendo dentro de nós (1 João 4:12-15, João 14:23). Sentimos paz na presença do Senhor quando recebendo dele as instruções de que necessitamos e agimos em resposta à Sua direção. A alegria e a paz vêm a nós quando conhecemos, cremos e confiamos no Senhor com uma fé simples, como a de uma criança.

2. NÃO HÁ PROBLEMA EM RELAXAR!

O coração ansioso deprime o homem,
mas uma palavra bondosa o anima.
Provérbios 12:25

A BÍBLIA ENSINA QUE A ansiedade traz peso para a vida das pessoas. O dicionário define ansiedade como "... um estado de desconforto: preocupação... Medo anormal que não tem uma causa específica".[1] Às vezes esse desconforto é vago, algo que não pode ser facilmente identificado. É um medo ou pavor que não tem causa ou fonte específica. Eu costumava ser importunada por esse tipo de ansiedade sem saber exatamente do que se tratava.

AS "RAPOSINHAS" QUE ROUBAM A SUA ALEGRIA

> Todos os dias do oprimido são infelizes, mas o coração bem-disposto está sempre em festa.
>
> Provérbios 15:15

Passei por um período em minha vida sendo atormentada pela ansiedade. Tinha muito medo e um verdadeiro pavor sem nenhum motivo específico. Sentia que algo terrível iria acontecer. Por fim, busquei ao Senhor e lhe perguntei o que estava me perturbando. Ele me disse que eram "pressentimentos malignos". Naquela época eu nem sabia o significado dessa expressão e nem de onde ela vinha.

Algum tempo depois, deparei-me com Provérbios 15:15 na versão da Bíblia em língua inglesa *Amplified Bible*. Reconheci imediatamente a expressão que o Senhor havia usado quando Ele me disse o que estava me importunando — "pressentimentos malignos".

Naquele tempo eu era como tantas outras pessoas. Sempre procurava algum "problema monstruoso" que me impedia de desfrutar a vida. Eu era tão séria e tensa com relação a tudo em minha vida que estava criando problemas para mim onde, na verdade, não existia problema algum.

Certa vez, em uma reunião, o Senhor me falou para dizer algo. Aparentemente alguém precisava ouvir isto: "Pare de fazer uma tempestade em copo d'água."

Eu era o tipo de pessoa que precisava ouvir advertências desse tipo. Era capaz de transformar um montinho de terra em uma montanha. Precisei aprender a simplesmente deixar algumas coisas de lado — esquecendo-me delas para seguir em frente. Alguns de nós ficam angustiados por questões que simplesmente não valem a pena — aquelas *raposinhas, que destroem as vinhas* (Cântico dos Cânticos, 2:15). Se nossa vida consiste em ficarmos angustiados por qualquer pequena coisa sem importância, certamente não teremos muita paz ou alegria.

Como vimos antes, Jesus disse: "Não se perturbe o coração de vocês. Creiam em Deus; creiam também em mim (João 14:1)". E também: "Não se perturbe o seu coração, nem tenham medo" (João 14:27).

Em outras palavras, Jesus estava dizendo: "Pare com isso!" Podemos ver neste versículo que somos capazes de controlar a maneira como reagimos a algo que poderia nos perturbar. Podemos escolher a paz ou a inquietação. Podemos escolher permanecer calmos ou então nos acalmar se começarmos a ficar agitados.

Jesus também disse: "Neste mundo vocês terão aflições; contudo, tenham ânimo! Eu venci o mundo" (João 16:33).

Sofreremos perseguição por amor à Palavra (Marcos 4:17), e as coisas não correrão exatamente como gostaríamos em nossa vida diária conforme já mencionamos antes. Jesus disse que no mundo haverá tribulações, mas Ele tinha uma resposta para isso: "Tenham bom ânimo." Na linguagem de hoje, poderíamos parafrasear esta afirmação dizendo: "Anime-se!"

Jesus, que vive dentro daqueles que acreditam nele, venceu o mundo. Isto nos dá razões suficientes para nos acalmarmos e nos animarmos!

Quando comecei a compreender esse princípio, parecia-me que nos momentos em que começava a ficar angustiada com algo realmente sem importância, o Senhor estava ali, dizendo: "Acalme-se e anime-se! Não seja tão tensa. Alivie a carga. Desfrute a vida!" Então eu pensava: "Ah, isso mesmo. Preciso desfrutar a vida. Tenho alegria na minha salvação e o Príncipe da Paz, que venceu o mundo, vive dentro de mim!"

Mesmo depois de agir com base nestes princípios por algum tempo, precisamos de um ajuste de vez em quando. Ainda preciso lembrar a mim mesma a necessidade de aliviar a carga. Ou Deus pode me dizer: "Agora, Joyce, ouça uma de suas próprias mensagens!"

A minha natureza é extremamente séria e tensa; além disso, tenho um passado que foi marcado por um terrível abuso. Portanto, se eu consegui relaxar, qualquer um pode relaxar!

Algumas pessoas são ansiosas em função de mágoas profundas do passado. Libertar-se do cativeiro emocional nem sempre é fácil. Mas se você permitir, o Espírito Santo o conduzirá passo a passo por um caminho que o levará à liberdade!

Encontrei um versículo bíblico que diz que uma mulher deve valorizar seu marido (ver 1 Pedro 3:2). Durante anos, eu não conseguia valorizar meu marido pelo fato de ser uma pessoa séria e detalhista ao extremo e viver tentando transformá-lo — assim como meus filhos, eu mesma e tudo o mais em minha vida.

Tinha uma ótima família, mas não os valorizava. Estava tão ocupada tentando mudar todos que faziam parte dela, que nunca permitia que nenhum deles desfrutasse a vida.

Eu tinha uma bela casa, mas não a desfrutava. Eu a mantinha impecavelmente limpa e com tudo no lugar. Mas era tão enérgica que não desfrutava dela, e não deixava ninguém também desfrutá-la.

Meus filhos tinham alguns brinquedos bons, mas nunca podiam desfrutá-los, pois eu não queria brinquedos "espalhados por toda parte". Eu nunca queria tirar os brinquedos do lugar e brincar com meus filhos — ou deixá-los brincar com os brinquedos também. Eu não sabia como isso era divertido. Na verdade, por causa da maneira como fui criada, eu achava que ninguém devia se divertir. Eu só sabia trabalhar.

Eu dizia aos meus filhos: "Saiam daqui e vão brincar." Então, quando eles iam para algum lugar para brincar, eu ia atrás dizendo: "Arrumem esta bagunça! Limpem este quarto agora mesmo! Vocês só arrumam mais trabalho para mim!" Entretanto eu me perguntava por que não era feliz. Não conseguia entender porque era atormentada por "pressentimentos malignos". Isso continuou até o Senhor trazer cura e libertação à minha vida.

O PROPÓSITO POR TRÁS DA ANSIEDADE

> ... um espírito dócil e tranquilo... [não é ansioso ou agitado]... é de grande valor para Deus.
>
> 1 Pedro 3:4, AMP

De acordo com Pedro, o tipo de espírito que Deus gosta é um espírito tranquilo, que não é ansioso ou agitado. Ser agitado é ser tenso, confuso, angustiado e perturbado. Ser ansioso é ser preocupado, inquieto ou distraído.

Por que o diabo tenta nos deixar tensos, confusos, angustiados, perturbados, preocupados, inquietos e distraídos? Ele quer nos impedir de focarmos a nossa atenção nas coisas boas que Deus nos deu. Quer nos impedir de desfrutar o nosso relacionamento com o Senhor e a vida abundante que Jesus morreu para nos dar.

Como resultado do abuso que sofri na infância, nunca aprendi a apreciar nada em minha vida. Por causa da maneira como fui tratada quando criança, nunca consegui realmente ser criança, então não sabia como ser infantil. Para mim tudo era cansativo. Por ser tão tensa, preocupada e agitada, eu reagia desproporcionalmente a tudo e transformava qualquer situação em um grande problema. Precisei aprender a relaxar, a me acalmar e a deixar as coisas para lá. Precisei aprender que mesmo que nem tudo saísse exatamente como eu queria, não seria o fim do mundo.

ALEGRE-SE NO *HOJE*

> Este é o dia que o Senhor fez; regozijemo-nos, e alegremo-nos nele..
>
> Salmos 118:24, AA

Ansiedade também significa tomar cuidado ou estar "... apreensivo ou preocupado com o que possa acontecer; preocupação sobre um possível evento futuro".[2] O Senhor me disse certa vez: "A ansiedade surge ao tentarmos nos envolver mentalmente em coisas que ainda não estão aqui ou já estiveram aqui" — saindo mentalmente de onde você está e entrando em alguma área do passado ou do futuro.

Desde que o Senhor me deu esta definição, tenho tentado aprender a relaxar e aproveitar a vida. Não que fique por aí agindo como uma cabeça de vento. A Bíblia diz que nós, crentes, devemos ser ponderados, vigilantes e cautelosos, estar de guarda contra o nosso inimigo, o diabo, que pretende nos devorar (1 Pedro 5:8).

Muitas situações sérias estão acontecendo neste mundo, e precisamos estar cientes delas e preparados para elas. Mas ao mesmo tempo precisamos aprender a relaxar e aceitar as coisas como elas são sem ficarmos totalmente nervosos e angustiados em função delas.

Precisamos aprender a desfrutar a boa vida que Deus preparou para nós através da morte e ressurreição de Seu Filho Jesus Cristo (ver João 10:10). Apesar de todas as circunstâncias preocupantes à nossa volta no mundo, nossa confissão diária deveria ser: "Este é o dia que o Senhor fez; eu me regozijarei e me alegrarei nele."

Algo que nós, cristãos, precisamos fazer mais é rir. Tendemos a carregar fardos muito pesados em relação a tudo — ao nosso pecado, ao fato de que esperamos a perfeição de nós mesmos, ao nosso crescimento em Deus, à nossa vida de oração, aos dons do Espírito e à memorização de versículos bíblicos. Carregamos fardos pesados demais.

Se apenas ríssemos um pouco mais – seguindo a orientação de termos bom ânimo e nos "animarmos" — descobriríamos que um pouco mais de riso torna este fardo muito mais leve. No mundo em que vivemos não há muito motivo para rirmos, então precisamos fazer isso deliberadamente. É fácil encontrar muitas razões para se preocupar. Para sermos feliz, precisamos nos esforçar um pouco. Precisamos rir e nos divertir.

Certa noite, meu marido e eu estávamos na cama e começamos a fazer cócegas um no outro. Estávamos rindo sem parar como dois malucos, rindo, brincando, fazendo cócegas. Meu único problema é que toda vez que luto com Dave, ele vence. Tentei conspirar contra ele com todos os nossos filhos para que eles o segurassem enquanto eu fazia cócegas nele — apenas para me divertir.

Algumas pessoas são rígidas e religiosas demais para fazer cócegas em alguém. Elas preferem ficar deitadas na cama e dizer: "Aleluia!" Algumas esposas cujos maridos não são salvos ficam deitadas na cama, orando no ouvido de seus maridos. Em vez disso, elas deviam rolar por cima deles e fazer cócegas. Afinal, não há problema em relaxar!

NÃO SE IRRITE — ALEGRE-SE!

> Alegrem-se sempre no Senhor. Novamente direi: Alegrem-se!...
> Não andem ansiosos por coisa alguma, mas em tudo, pela oração e súplicas, e com ação de graças, apresentem seus pedidos a Deus.
> E a paz de Deus, que excede todo o entendimento, guardará o coração e a mente de vocês em Cristo Jesus.
> Filipenses 4:4, 6,7

Por duas vezes nesta passagem o apóstolo Paulo nos diz para nos alegrarmos. Ele nos estimula a não nos irritarmos e a não termos nenhuma ansiedade acerca de nada, mas a orarmos e a darmos graças a Deus *em* tudo — não depois que tudo terminou.

Se esperarmos até tudo estar perfeito antes de nos alegrarmos e darmos graças, não nos divertiremos muito. Aprender a desfrutar a vida mesmo em meio a circunstâncias difíceis é uma maneira de desenvolvermos maturidade espiritual.

Em 2 Coríntios 3:18 Paulo escreve:

> E todos nós, que com a face descoberta contemplamos a glória do Senhor, segundo a sua imagem estamos sendo transformados com glória cada vez maior...

Isto significa que existem muitas fases pelas quais precisamos passar no curso do nosso crescimento espiritual. Precisamos aprender a desfrutar a glória que estamos experimentando em cada etapa do nosso desenvolvimento. Na verdade ainda não estamos onde deveríamos estar, mas graças a Deus, não estamos onde estávamos antes. Estamos em algum lugar no meio do caminho, mas avançando para o nosso objetivo — e deveríamos estar desfrutando cada fase.

Em geral, alguns pais não valorizam seu filho até ele ter atingido certa fase de crescimento. Quando ele é criança, os pais dizem: "Ficarei feliz quando ele sair das fraldas, ou os dentes acabarem de nascer, ou quando ele aprender a andar." Depois, eles dizem: "Ficarei feliz quando ele estiver no jardim de infância." Algum tempo depois vem: "Ficarei feliz quando ele começar a frequentar a escola." Mais tarde eles dizem: "Ficarei feliz quando ele se formar." E assim sucessivamente, até a criança crescer e partir, sem que os pais tenham realmente desfrutado qualquer uma das fases de sua vida. Eles estavam sempre esperando para ficar felizes *quando...*

Adiamos a nossa felicidade até tudo estar perfeito — algo que todos nós sabemos nunca acontecerá nesta vida. Precisamos aprender a nos alegrar e a nos regozijarmos no Senhor neste dia e em todos os outros dias ao longo do caminho na direção do nosso objetivo.

Quando comecei meu ministério e estava realizando reuniões com apenas cerca de cinquenta pessoas, eu constantemente dizia: "Ficarei tão feliz quando tiver centenas de pessoas em minhas reuniões!" Mas aprendi que nenhuma dessas coisas traz felicidade ou alegria, pois sempre queremos mais. Também descobri que cada etapa do nosso desenvolvimento vem com o seu próprio conjunto de problemas.

Finalmente descobri qual é a porta para a felicidade. Ela está expressa nas palavras de uma canção que costumo cantar para o Senhor: "Ele me fez feliz, Ele me fez feliz; eu me alegrarei, pois Ele me fez feliz."[3]

Do jeito que eu era naquela época, eu deveria cantar: "Se Ele fizer o que eu quero que Ele faça, Ele me fará feliz; se Ele não fizer, Ele me deixará triste." No fim, o Senhor realizou uma grande mudança na minha situação ensinando-me que a plenitude de alegria encontra-se na Sua presença — e não nos seus presentes! (Salmos 16:11).

A verdadeira alegria vem de buscarmos a presença de Deus.

As pessoas que pensam que serão felizes quando o Senhor fizer algo específico por elas geralmente não conseguem ficar felizes até Ele fazer isso. Elas podem passar a vida inteira esperando pelo próximo momento no qual possam ser felizes.

Certo dia, eu estava a caminho de uma reunião cantando aquela canção: "Tu me fizeste feliz, Tu me fizeste feliz; eu me alegrarei, pois Tu me fizeste feliz." De repente o Senhor falou comigo e disse: "Pela primeira vez na sua vida você está cantando a canção corretamente."

Eu cantei aquela canção muitas vezes, mas nunca de coração. Quando o Senhor fez uma reviravolta nessa área, eu pude cantá-la como devia ser cantada — um hino de louvor e gratidão a Deus pelo que Ele já fez e não pelo que Ele vai fazer.

Para viver na plenitude da alegria do Senhor precisamos encontrar algo para nos fazer felizes além das nossas circunstâncias atuais. O mundo está cheio de pessoas e situações que nunca vão nos agradar. E até mesmo as pessoas que nos agradam e as circunstâncias que nos alegram só vão conseguir fazer isso por pouco tempo. Mais cedo ou mais tarde, as pessoas — até mesmo os cristãos — falharão conosco, e as circunstâncias se levantarão contra nós. É por isso que precisamos aprender a extrair nossa felicidade e alegria não de elementos externos, mas do Senhor que está dentro de nós. Precisamos aprender a não nos irritarmos e a não sentirmos nenhuma ansiedade a respeito de nada, mas em tudo dar graças e louvar a Deus. Então a paz que excede todo entendimento será nossa.

Sempre haverá oportunidades de ficarmos ansiosos, preocupados e irritados. O diabo cuidará disso, pois ele sabe que a ansiedade no coração do homem o abate. Quando o diabo tentar colocar ansiedade em nosso coração, precisamos entregá-la ao Senhor em oração com ações de graças, fazendo com que nossos pedidos sejam conhecidos por Ele. Então a paz que excede todo entendimento guardará o nosso coração e a nossa mente em Cristo Jesus.

Eu costumava me preocupar com meu filho, que tinha catorze anos na época que meu marido Dave e eu tínhamos de deixá-lo em casa enquanto viajávamos por conta do nosso ministério. Várias vezes ao dia, enquanto estávamos fora, o diabo tentava me deixar preocupada com o que poderia estar acontecendo com Danny na nossa ausência. Todas as vezes que Satanás tentava colocar esse fardo sobre mim, eu parava e orava: "Pai, eu Te agradeço, pois Tu estás cuidando de Danny. Obrigada, Senhor, porque Tu tens um bom plano para a vida dele e porque Tu estás tomando conta dele e fazendo com que tudo coopere para o melhor na vida dele. Obrigada por ele estar coberto pelo sangue do Teu Filho Jesus."

Eu me recusava terminantemente a permitir que Satanás me abatesse com preocupação e ansiedade. Em vez disso, eu me voltava para o Senhor em oração, alegrando-me em meio às circunstâncias difíceis que enfrentava. O Senhor respondia às minhas orações e me dava a paz e a alegria que Ele prometeu a todos quantos se recusam a ceder à preocupação e ao medo, mas se voltam para Ele com uma fé e uma confiança simples.

CATEGORIAS DE ANSIEDADE

> O justo passa por muitas adversidades, mas o Senhor o livra de todas.
>
> Salmos 34:19

Embora haja muitos males confrontando o justo, existem três categorias principais de ansiedade. Vamos examinar cada uma delas e aprender como devemos lidar com elas para que não nos arrastem para a depressão e o desespero.

1. O PASSADO E O FUTURO

> Guarde o seu pé [pense no que está fazendo]...
>
> Eclesiastes 5:1, AMP

Minha definição pessoal de ansiedade é sair mentalmente de onde você está e entrar em uma área do passado ou do futuro.

Entre outras coisas precisamos entender que Deus quer que aprendamos a ser "novas criaturas". Ele estava se referindo a isso na Bíblia quando disse: "Hoje é o dia da salvação" (2 Coríntios 6:2). "Hoje, se ouvirdes a Minha voz" (Hebreus 3:7, 15), "Se hoje vocês ouvirem a Minha voz, vocês entrarão no Meu descanso" (Hebreus 4:7-9).

Frequentemente passamos o nosso tempo no passado ou no futuro. Precisamos aprender a viver o agora — mentalmente, assim como física e espiritualmente.

Certa vez, enquanto eu estava escovando os dentes, de repente percebi que estava correndo e me apressando, sentindo uma angústia em meu interior. Embora estivesse fazendo algo determinado física e mentalmente, já estava me concentrando na próxima coisa que havia planejado fazer assim que terminasse. Eu tentava sempre me apressar e terminar uma coisa para começar outra.

Quando era uma jovem dona de casa, eu costumava ter um ataque de nervos todos os dias, ocupada em fazer meu marido se levantar e sair para o trabalho e nossos filhos pequenos se levantarem e saírem para a escola. Eu ficava em uma tamanha agitação mental e emocional por causa de tudo o que queria fazer que acabava não conseguindo me concentrar em nada por muito tempo.

Enquanto fazia uma coisa, percebia que não havia feito outra. Eu parava aquela tarefa e começava outra. Repetia sempre esse padrão com uma tarefa após a outra.

Obviamente, no fim do dia eu me encontrava em um verdadeiro caos mental, emocional e físico pior do que quando havia começado o dia pela manhã. Tudo estava pela metade, e eu estava totalmente frustrada, estressada, esgotada e ansiosa diante da perspectiva de o mesmo acontecer no dia seguinte — tudo por eu não ter me dedicado a fazer uma coisa de cada vez.

Você sabe por que achamos tão difícil nos concentrarmos em uma atividade de cada vez? Porque estamos mais ocupados com o passado ou com o futuro do que com o presente.

Em Eclesiastes 5:1 a Bíblia nos diz para pensarmos no que estamos fazendo, para "guardarmos o nosso pé" — o nosso fundamento. Em outras palavras, devemos manter um equilíbrio em nossas vidas. Se não fizermos isso, nada fará sentido. Precisamos aprender a focar no que estamos fazendo, do contrário sempre estaremos lidando mentalmente com o ontem ou com o amanhã, quando deveríamos estar vivendo o hoje.

Há uma unção sobre o dia de hoje. Em João 8:58, Jesus se referiu a si mesmo como "EU SOU". Se você e eu, como os discípulos dele, tentarmos viver no passado ou no futuro, vamos achar a vida difícil para nós porque Jesus está sempre no presente. Foi isto que Ele quis dizer quando nos aconselhou em Mateus 6:34: "... não se preocupem com o amanhã, pois o amanhã se preocupará consigo mesmo. Basta a cada dia o seu próprio mal."

Jesus nos disse claramente para não nos preocuparmos com nada. Tudo que precisamos fazer é buscar o Reino de Deus, e Ele nos acrescentará o que precisamos, quer seja alimento, vestuário, abrigo ou crescimento espiritual (Mateus 6:25-33).

Não devemos nos preocupar com o amanhã, porque o amanhã trará os seus próprios problemas. Precisamos concentrar toda a nossa atenção no hoje, deixando de ser tão tensos e agitados. Acalme-se e relaxe! Ria mais e preocupe-se menos. Pare de correr hoje se preocupando com o ontem ou com o amanhã — nós não podemos fazer nada a respeito de qualquer um deles. Precisamos parar de gastar nosso precioso "agora", pois ele nunca mais voltará.

Quantos anos de minha vida desperdicei me atormentando com preocupações e ansiedades desnecessárias, tentando lidar com situações que não cabiam a mim lidar? Sempre fui uma pessoa responsável, mas além da responsabilidade pela minha vida eu assumia todos os cuidados relacionados a ela. De acordo com a Bíblia devemos cuidar da nossa responsabilidade, mas devemos lançar os nossos cuidados sobre o Senhor porque Ele cuida de nós (1 Pedro 5:7).

Deus cuida de você. Ele toma conta de tudo relacionado a você. Ele cuida da sua vida. Não a desperdice esperando até tudo se tornar perfeito para só então começar a desfrutá-la. Não desperdice o seu precioso "agora" se preocupando com o ontem e com o amanhã.

Na próxima vez que você for tentado a ficar ansioso ou angustiado com alguma situação — principalmente com algo relacionado ao passado ou ao futuro — pense no que está fazendo e volte sua mente para o que está acontecendo hoje. Aprenda com o passado e prepare-se para o futuro, mas *viva no presente.*

2. CONFRONTOS E CONVERSAS

> Sempre que forem presos e levados a julgamento, não fiquem preocupados com o que vão dizer. Digam tão-somente o que lhes for dado naquela hora, pois não serão vocês que estarão falando, mas o Espírito Santo.
>
> Marcos 13:11

Nesta passagem, Jesus advertia Seus discípulos sobre quando fossem enviados ao mundo para pregar o Evangelho a toda criatura. Ele lhes estava ordenando que fizessem isso, mas avisava que encontrariam oposição. Ele os estava preparando para enfrentarem a tribulação e a perseguição. Dizia-lhes que seriam levados à presença de governadores e reis por amor a Ele como um testemunho (Marcos 13:9).

Jesus terminou Suas observações instruindo Seus discípulos a não se preocuparem com o que deveriam dizer e não tentassem imaginar ou ponderar sobre estas coisas, porque quando eles abrissem a boca para falar, não seriam eles que falariam, mas o Espírito Santo dentro deles.

Passei muitos anos de minha vida ensaiando mentalmente o que diria às pessoas. Imaginava o que elas diriam a mim, e depois tentava imaginar o que eu responderia. Eu chegava a treinar aquelas conversas imaginárias em minha mente, sem parar.

Talvez você faça a mesma coisa. Pense, por exemplo, em como você reage antes de pedir um aumento ao seu chefe ou uns dias de folga para atender a uma necessidade especial. Se estiver muito ansioso, pode ser sinal de que você acha que o resultado dessa conversa depende de você e da sua capacidade e não do Espírito Santo e da capacidade dele.

Como acontece em todos os aspectos da vida, há um equilíbrio que precisa ser mantido. Se tivermos certeza de que estamos atuando dentro da Palavra de Deus e em obediência à Sua vontade, então não precisamos ficar nervosos, preocupados ou ansiosos com o que vamos dizer. Naturalmente, precisamos estar preparados, mas se ensaiarmos excessivamente a conversa vez após vez, isso será uma indicação de que não estamos confiando na unção de Deus, mas em nós mesmos. Neste caso, não nos sairemos tão bem quanto se estivéssemos dependendo completamente de Deus!

Precisamos pedir ao Senhor para nos dar o Seu favor junto a todos aqueles com quem falamos. Então podemos estar confiantes de que seja qual for o resultado da nossa conversa ou confronto, será essa a vontade de Deus e ela cooperará para o bem de todos os envolvidos (Romanos 8:28).

3. DEVERES E OBRIGAÇÕES DO DIA

> Caminhando Jesus e os seus discípulos, chegaram a um povoado, onde certa mulher chamada Marta o recebeu em sua casa. Maria, sua irmã, ficou sentada aos pés do Senhor, ouvindo a sua palavra.
>
> Marta, porém, estava ocupada com muito serviço. E, aproximando-se dele, perguntou: "Senhor, não te importas que minha irmã tenha me deixado sozinha com o serviço? Dize-lhe que me ajude!"
>
> Respondeu o Senhor: "Marta! Marta! Você está preocupada e inquieta com muitas coisas; todavia apenas uma é necessária. Maria escolheu a boa parte, e esta não lhe será tirada".
>
> Lucas 10:38-42

Nesta passagem, vemos uma irmã, Marta, angustiada e distraída por estar extremamente ocupada e atarefada demais, enquanto a outra irmã, Maria, está agradavelmente sentada aos pés de Jesus desfrutando a Sua presença e comunhão.

Posso imaginar Marta nesta cena. Com certeza assim que ouviu falar que Jesus estava indo até sua casa, começou a correr de um lado para outro e a limpar e cozinhar, tentando aprontar tudo para aquela visita. O motivo pelo qual acho tão fácil imaginar Marta nesta situação é porque eu costumava ser exatamente como ela.

Um dia o Senhor me disse: "Joyce, você não consegue desfrutar a vida porque é uma pessoa complicada demais." Ele estava se referindo a um simples churrasco que eu estava transformando em uma enorme produção.

Meu marido e eu havíamos convidado alguns amigos no domingo à tarde, dizendo-lhes que colocaríamos algumas salsichas na grelha para fazer cachorros-quentes, abriríamos alguns sacos de batatas chips e uma lata de feijão com carne de porco, faríamos um pouco de chá gelado e nos sentaríamos na varanda para conversar ou jogar.

É claro que quando comecei a fazer os preparativos para a ocasião, tudo saiu rapidamente do controle. Os cachorros-quentes se transformaram em filés, as batatas chips se transformaram em salada de batata, foi preciso limpar a grelha de churrasco, a grama precisou ser aparada, e toda a casa teve de ser arrumada com primor para os convidados. Além de todo esse trabalho, foi preciso aumentar o número de pessoas das seis que havíamos inicialmente convidado para catorze, pois fiquei com medo de ofender alguém que pudesse se sentir deixado de lado.

Assim, de repente, um simples churrasco com amigos se transformou em um pesadelo. Tudo porque eu tinha a "síndrome de Marta". Eu tinha este nome, "Marta", escrito em todo o meu ser. Foi isso que o Senhor quis dizer quando mencionou que eu não conseguia desfrutar a vida por ser complicada demais.

Eu precisava aprender a ser mais como Maria e menos como Marta. Em vez de me preocupar e me angustiar, eu precisava aprender a simplificar meus planos, a relaxar e a desfrutar a vida!

3. O BRAÇO DA CARNE

Assim diz o Senhor: Maldito é o homem que confia nos homens, que faz da humanidade mortal a sua força, mas cujo coração se afasta do Senhor.
Jeremias 17:5

A BÍBLIA FALA SOBRE dois braços completamente diferentes: o braço da carne e o braço do Senhor. Um deles pertence a nós, o outro pertence a Deus; isto é, um cabe a nós mover (operar, acionar) e baseia-se em ideias e esforços humanos, enquanto o outro se baseia no plano e no poder de Deus. Um é da carne, o outro é do Espírito.

Em João 3:6, Jesus disse a Nicodemos: O que nasce da carne é carne, mas o que nasce do Espírito é espírito. O que é iniciado na carne deve ser mantido na carne, mas o que se inicia no Espírito é mantido pelo Espírito. Quando tentamos atuar usando o braço da carne, acabamos frustrados, mas quando lançamos mão do braço do Senhor terminamos como vitoriosos.

É um trabalho duro executar os planos e estratégias que nós mesmos projetamos. Mas quando Deus começa alguma coisa, Ele a executa até o fim sem nenhum esforço de nossa parte.

Muitas vezes, quando enfrentamos dificuldades, supomos que o diabo está nos causando problemas, então tentamos repreendê-lo! Às vezes é o diabo tentando impedir o plano de Deus para as nossas vidas. No entanto, muitas vezes o problema não é o diabo, mas nós mesmos. Tentamos realizar a nossa vontade e o nosso plano, e não a vontade e o plano de Deus.

Por mais que você repreenda o diabo, isso de nada adianta quando estamos agindo no braço da carne e não no braço do Senhor. Se a obra foi iniciada pelo Senhor, Ele a completará.

A OPORTUNIDADE GERA ADVERSIDADE

> Porque uma porta grande e oportuna para o trabalho se me abriu; e há muitos adversários.
>
> 1 Coríntios 16:9, ARA

Na verdade sempre que fizermos qualquer coisa para Deus, o adversário se oporá a nós. Mas precisamos nos lembrar de que maior é Aquele que está em nós do que aquele que está no mundo (1 João 4:4). De acordo com a Palavra de Deus, se estivermos agindo em obediência à Sua vontade e ao Seu plano, embora o inimigo possa vir contra nós por um caminho, ele terá de fugir de nós por sete (Deuteronômio 28:7).

Não deveríamos precisar passar nossa vida lutando contra o diabo. Às vezes passamos mais tempo falando sobre Satanás do que sobre Deus.

Em Seu ministério terreno, Jesus não passava muito tempo lutando contra os demônios locais. Quando Ele aparecia em cena, ou eles fugiam aterrorizados, ou eram expulsos por Ele com uma palavra. Quando ministramos em Seu nome, temos o mesmo poder e autoridade de Jesus. Em vez de nos esgotarmos tentando lutar contra nossos inimigos espirituais, devemos aprender a permanecer fortes na autoridade que nos foi dada por Jesus.

A melhor maneira de vencer o diabo e seus demônios é simplesmente ficando na vontade e no plano de Deus, agindo com o braço do Senhor e não no braço da carne. Tiago 4:7 diz: "Sujeitai-vos, portanto, a Deus; mas resisti ao diabo, e ele fugirá de vós."

Muitas pessoas tentam resistir ao diabo sem se submeterem a Deus! Devemos submeter nossa vontade à vontade de Deus.

Sem reconhecer isso, às vezes temos um problema ao cobiçar algo que achamos deveria ser parte do plano de Deus para nós. Não se trata de desejo sexual — estou falando de um desejo por algo que, em nossa opinião, deveríamos ter para ser felizes. É possível cobiçar algo bom, e até algo que o próprio Deus quer que tenhamos. No meu caso, houve um tempo em que eu cobiçava o meu ministério.

Assim que começamos a desejar tanto algo a ponto de tentarmos controlar aquilo com nossas próprias mãos para tentar conseguir o resultado que queremos, estamos em busca de problemas. É preciso ser uma pessoa madura para ser paciente e esperar no Senhor para que Ele resolva tudo de acordo com a Sua perfeita vontade e no Seu tempo. Pessoas imaturas correm na frente de Deus e terminam frustradas. Elas não entendem que nada vai funcionar bem a não ser que venha de Deus e seja realizado no Espírito, de acordo com o Seu plano e propósito divinos.

Muitos estão frustrados e infelizes simplesmente porque estão tentando agir com o braço da carne e não o do Senhor. Passei muitos, muitos anos neste estado por tentar fazer as coisas do meu próprio jeito e na minha própria força. Eu saía na frente de Deus, dando à luz "Ismaéis" em vez de "Isaques".

ISMAEL OU ISAQUE?

> Ora, Sarai, mulher de Abrão, não lhe dera nenhum filho. Como tinha uma serva egípcia, chamada Hagar, disse a Abrão:

> "Já que o Senhor me impediu de ter filhos, possua a minha serva; talvez eu possa formar família por meio dela". Abrão atendeu à proposta de Sarai.
>
> Gênesis 16:1-2

Em Gênesis 15:1-5, o Senhor apareceu a Abraão ("Abrão", naquela época) e lhe prometeu que o abençoaria e lhe daria um herdeiro da sua própria carne para assim seus descendentes serem tão numerosos quanto as estrelas do céu.

Apenas um capítulo depois, em Gênesis 16:1,2, Sara ("Sarai" naquela época) arquitetou um plano para produzir um herdeiro para Abraão fazendo com que ele tomasse sua escrava Hagar como sua "concubina" (ver Gênesis 16:3).

No Capítulo 17, o Senhor apareceu a Abraão e novamente prometeu abençoá-lo e torná-lo pai de muitas nações (vv.1-6). Então Ele prosseguiu para abençoar Sara e prometeu dar a Abraão um filho gerado dela na sua velhice (vv. 15-19). Era através desse filho prometido, Isaque, e não através do filho natural, Ismael, que a aliança das bênçãos de Deus seria realizada.

Isaque era ideia e plano de Deus; Ismael era ideia e plano de Sara. Um era o filho da promessa, o filho do Espírito; o outro era o filho do esforço humano, o filho da carne.

Abraão precisou esperar vinte anos pelo cumprimento da palavra de Deus de lhe dar o filho através de quem o Senhor cumpriria as promessas da Sua aliança. Quando Isaque finalmente nasceu, Ismael causou problemas na família, então, Abraão se viu obrigado a mandar Ismael e sua mãe Hagar embora (Gênesis 21:1-14).

Muitas vezes, o motivo pelo qual enfrentamos problemas é porque geramos "Ismaéis" em vez de "Isaques". Estamos colhendo as consequências de tentarmos executar nossas próprias ideias e planos em vez de esperarmos que Deus gere Suas próprias ideias e planos. Quando as coisas não saem como esperamos, ficamos irados com Deus por Ele não estar fazendo tudo acontecer conforme nós desejamos.

Mas o problema não são os atos de Deus, mas os nossos atos. Esquecemo-nos de que o que nasce do Espírito é espírito, e o que nasce da carne é carne.

O ESPÍRITO *VERSUS* A CARNE

> O Espírito dá vida; a carne não produz nada que se aproveite. As palavras que eu lhes disse são espírito e vida.
>
> João 6:63

Jesus nos disse que o importante é o Espírito, e não a carne, porque o Espírito dá vida enquanto a carne para nada aproveita. O apóstolo Paulo foi ainda mais longe ao dizer: "Sei que nada de bom habita em mim, isto é, em minha carne" (Romanos 7:18).

Se você e eu queremos cumprir a vontade e o plano de Deus para nós nesta vida, a carne — a natureza egoísta, rebelde e pecaminosa dentro de nós — precisa morrer.

Muitas vezes não percebemos o que está dentro de nós por estarmos tão envolvidos com a vida exterior. É de dentro de nós que a energia da alma sai para nos causar todo tipo de problemas aqui fora.

Paulo testemunhou ter o mesmo problema quando prosseguiu escrevendo neste mesmo versículo: "Porque tenho o desejo de fazer o que é bom, mas não consigo realizá-lo". Nessa passagem, ele descreveu o quanto era miserável porque deixava de praticar o bem que desejava fazer, mas conseguia fazer o mal que não queria fazer. Na sua miséria e frustração, ele acabou clamando: "Miserável homem que eu sou! Quem me libertará do corpo sujeito a esta morte?" (Romanos 7:24).

Conheço esse sentimento. Eu costumava trabalhar duro o dia inteiro tentando fazer o que era certo e depois ia me deitar à noite frustrada e deprimida porque havia fracassado outra vez. Eu clamava ao Senhor: "Pai, eu simplesmente não entendo. Tentei me esforçar o dia inteiro, Senhor. Fiz o meu melhor — e foi tudo em vão."

Meu problema era que eu estava agindo segundo o braço da carne, e a carne não estava me servindo de nada.

Eu vivi assim por anos e anos. Eu me levantava pela manhã pronta para "planejar o meu trabalho e colocar o meu plano em ação". Estava decidida a fazer meu ministério crescer. Queria muito que as portas da oportunidade se abrissem para mim, assim como tinham se aberto para Paulo. Mas estava convencida de que, assim como Paulo, eu estava sendo confrontada por "adversários". Eu os repreendia até a minha capacidade de repreender se esgotar. Eu os expulsava até achar que não poderia mais ter restado um único demônio em toda a minha cidade. Ainda assim as portas não estavam se abrindo.

Eu jejuava e orava, às vezes sozinha e outras vezes na companhia de outras pessoas. Ordenava que as multidões viessem de todas as partes do país para participar das minhas reuniões: do norte, do sul, do leste e do oeste. Contudo, nada funcionava. Eu ainda estava fazendo reuniões com cinquenta pessoas em garagens ou salões de festas nos quais precisávamos limpar os restos de comida como cascas de siri e ossos de galinha das mesas e do chão antes de podermos começar os nossos cultos. Às vezes não havia aquecimento ou então o ar-condicionado não funcionava adequadamente. Parecia que por mais que eu me esforçasse para tudo funcionar bem, tudo que podia dar errado dava errado.

Tudo aquilo era um teste, um teste pelo qual todos nós precisamos passar. Você sabe qual é o propósito dos testes? Ensinar-nos a negar a carne e a depender do Espírito, a fim de edificar nosso caráter à medida que passamos pelos momentos difíceis e nos recusamos a desistir.

Se estivermos comprometidos em fazer o que Deus nos disse para fazer, teremos êxito apesar dos nossos adversários e dos artifícios utilizados por eles contra nós. O problema conosco é que em vez de recebermos o plano de Deus e sermos obedientes a Ele enquanto Ele o executa, tentamos criar nosso próprio plano e fazer com que Ele o abençoe. E quando isso não acontece (quando Ele não abençoa os "nossos" planos), ficamos zangados com Deus, confusos e muitas vezes nos tornamos muito negativos em nossas emoções e conversas.

Não há como dizer quantas pessoas frustradas e deprimidas existem no nosso mundo que basicamente desistiram de Deus por Ele não fazer o plano delas dar certo. Eu fui uma delas.

Certa vez, uma amiga e eu elaboramos uma ideia sobre como fazer meu ministério progredir. Decidimos escrever a todos os pastores de St. Louis, onde meu ministério estava localizado, informando-lhes que eu havia sido chamada por Deus e tinha um poderoso dom de ensino. Íamos sugerir aos pastores que me chamassem para ministrar em suas igrejas. Felizmente o Senhor reteve nossas mãos, pelo que sou muito grata. Imagine como eu me sentiria agora se tivéssemos executado o nosso plano, em vez de esperarmos que o Senhor executasse o dele.

O que minha amiga e eu estávamos planejando era uma obra da carne. Como geralmente acontece, estávamos tentando abrir portas de qualquer jeito e abrir o nosso caminho. Em vez disso, precisávamos esperar no Senhor, crer e confiar nele, e apreciar o momento que estávamos vivendo e o que estávamos fazendo até Ele abrir as portas para nós.

Como cristãos todos nós temos um trabalho a fazer. O nosso trabalho é crer, e não criar todo tipo de planos e esquemas para tentar fazer as coisas acontecerem. Todo esse tipo de conspiração e manipulação vem da carne e não tem proveito algum. Se Deus não estiver naquilo que estamos fazendo, nosso trabalho será frustrante e deprimente. Precisamos aprender a discernir entre o que Deus está realmente nos direcionando a fazer e o que estamos "tentando" fazer.

Durante anos, eu tinha uma tarefa — ou pensava que tinha. Era transformar meu marido Dave. Tentava tudo que estava ao meu alcance para manipular, coagir, pressionar e obrigar Dave a fazer o que, em minha opinião, ele precisava fazer — ou seja, basicamente desistir dos esportes e prestar mais atenção em mim e naquilo que me interessava.

Estava convencida de que Dave tinha um problema. Nunca me ocorreu que eu poderia ter um problema. Isso estava fora de questão. Nem sequer estava no meu pensamento.

Um dia, quando estava orando, eu disse: "Oh, Senhor, Tu *precisas* mudar o Dave!"

De repente, a voz do Senhor veio a mim, dizendo: "Desculpe-me, Joyce, mas não é Dave que tem um problema."

"Bem, então, Senhor", perguntei, "quem é?" Já que só havia nós dois: Dave e eu. Pensei: *Com certeza não posso ser eu!* Meu orgulho tolo havia feito com que eu julgasse Dave enquanto estava cega para os meus próprios erros.

Provérbios 21:2 diz: "Todos os caminhos do homem lhe parecem justos, mas o Senhor pesa o coração." Todos nós achamos que estamos certos. Foi uma grande revelação para mim quando descobri que algumas vezes eu estava errada.

Eu me esforçava de todas as maneiras para mudar Dave, mudar meus filhos, mudar a mim mesma, e mudar tudo o mais em nossas vidas que achava necessário mudar. Eu tentava prosperar, ser curada, fazer meu ministério crescer e muito mais. Estava me desgastando tentando mudar a tudo e a todos, e me sentindo infeliz com isso. Estava constantemente orando, tentando fazer com que Deus abençoasse meus planos e esforços e fizesse com que eles tivessem êxito. O que eu estava fazendo era o que os Gálatas faziam nos dias de Paulo: estava tentando viver pela carne, pelas obras, em vez de viver pelo Espírito.

AS DUAS ALIANÇAS

> Pois está escrito que Abraão teve dois filhos, um da escrava e outro da livre. O filho da escrava nasceu de modo natural, mas o filho da livre nasceu mediante promessa. Isto é usado aqui como uma ilustração; estas mulheres representam duas alianças. Uma aliança procede do monte Sinai e gera filhos para a escravidão: esta é Hagar. Hagar representa o monte Sinai, na Arábia, e corresponde à atual cidade de Jerusalém, que está escravizada com os seus filhos. Mas a Jerusalém do alto é livre, e é a nossa mãe.
>
> Gálatas 4:22-26

A Bíblia fala sobre duas alianças. Nós as conhecemos como a velha aliança e a nova aliança, mas elas podem ser chamadas de a aliança das obras e a aliança da graça.

A primeira aliança baseia-se no homem fazendo tudo sozinho, esforçando-se, lutando e trabalhando para ser aceito por Deus. Esse tipo de aliança rouba a alegria e a paz. Era o tipo de aliança para a qual os Gálatas estavam tentando voltar, e Paulo precisou escrever para eles a fim de lembrá-los da futilidade de tentarem viver por suas obras e não pela graça de Deus (ver Gálatas 3:1-7).

A segunda aliança, a aliança da graça, baseia-se não no que o homem pode fazer, mas no que Cristo já fez. Sob esta aliança, somos justificados não pelas nossas obras ou pela nossa justiça, mas pela nossa fé e confiança em Cristo. Isto retira de nós a pressão para apresentarmos um determinado desempenho. Podemos abrir mão dos nossos esforços externos e permitir que Deus opere através de nós pelo poder do Espírito Santo em nosso interior.

Uma aliança traz cativeiro; a outra traz liberdade. Sob uma damos à luz as coisas da carne, porque o que nasce da carne é carne. Sob a outra permitimos que Deus dê à luz as coisas do Espírito, porque o que nasce do Espírito é espírito.

Sob a primeira aliança, acreditamos que precisamos fazer tudo; sob a segunda aliança, tudo que precisamos fazer é crer, e como parte do nosso estilo de vida de crer, agir com base no que Deus nos disser para fazer.

Como vimos no Capítulo 1, Romanos 15:13 nos diz que aqueles que creem são cheios de esperança, alegria e paz. O problema é que hoje, como nos dias de Paulo, muitas pessoas na Igreja não estão crendo. Elas estão tentando viver pelas suas obras em vez de viverem pela graça de Deus. Portanto, não têm esperança, paz ou alegria.

Como vimos, a Palavra de Deus nos prometeu que se quisermos operar com uma fé simples como a de uma criança, transbordaremos de alegria. Também veremos resultados muito mais positivos em nossas vidas!

ALEGRE-SE!

> Pois está escrito: "Regozije-se, ó estéril, você que nunca teve um filho; grite de alegria, você que nunca esteve em trabalho de parto; porque mais são os filhos da mulher abandonada do que os daquela que tem marido".
>
> Gálatas 4:27

Depois que Paulo descreve a diferença entre as duas alianças representadas pelas duas mulheres, Hagar e Sara, ele prossegue dizendo à mulher estéril: "Alegre-se!"

Durante anos, eu lia este versículo e me perguntava sobre o que Paulo estava falando. Somente mais tarde descobri que Gálatas

4:27 era uma referência a Isaías 54:1, que diz basicamente a mesma coisa: Aqueles que não passam pelo trabalho [de parto] para gerar seus próprios resultados, mas que dependem inteiramente da graça de Deus, terão mais resultados do que aqueles que se esgotam tentando produzir através de seus próprios esforços.

A Igreja não está vendo os resultados que desejamos hoje porque o povo de Deus está tentando fazer com o braço da carne o que só pode ser feito pelo braço do Senhor.

Em vez de confiar no braço da carne, nós, crentes, devemos confiar no braço do Senhor. Assim como a mulher estéril das Escrituras, em vez de nos entristecermos deveríamos nos alegrar.

Por que uma mulher estéril se alegraria? Porque os escritores dessas passagens bíblicas estão falando sobre filhos espirituais e não naturais. A mulher estéril é estéril das suas próprias obras. Ela desistiu de tentar dar à luz da maneira natural. Em vez disso, ela aprendeu a colocar a sua fé e a sua confiança em Deus para dar à luz espiritualmente. Ela parou com o seu próprio trabalho e entrou no descanso de Deus.

Como lemos em Hebreus 4:10, aqueles que entraram no descanso de Deus desistiram de todo o seu trabalho e esforço — do cansaço e da dor de tentar dar à luz qualquer resultado de uma maneira natural — e estão simplesmente descansando, esperando o Senhor fazer por eles o que eles não podem fazer por si mesmos. Como consequência, acabam tendo mais filhos — desfrutando resultados maiores e melhores — do que aqueles que tentam produzir através de suas próprias obras.

A FRUSTRAÇÃO DAS OBRAS

> Nisso vocês exultam, ainda que agora, por um pouco de tempo, devam ser entristecidos por todo tipo de provação. Assim acontece para que fique comprovado que a fé que vocês têm,

> muito mais valiosa do que o ouro que perece, mesmo que refinado pelo fogo, é genuína e resultará em louvor, glória e honra, quando Jesus Cristo for revelado. Mesmo não o tendo visto, vocês o amam; e apesar de não o verem agora, creem nele e exultam com alegria indizível e gloriosa.
>
> 1 Pedro 1:6-8

Não creio que nos falte alegria pelo fato de termos problemas. A Bíblia diz que podemos ter uma alegria inexprimível, gloriosa, triunfante e celestial bem no meio das nossas provações e tentações.

Se não estamos vivendo esse tipo de "alegria indizível" (como a versão NVI a chama), precisamos nos perguntar o porquê. Em minha própria vida, não comecei a experimentar uma sensação de alegria independente de quais eram as minhas circunstâncias externas até descobrir e aprender o verdadeiro significado da segunda aliança.

As bênçãos desta aliança estavam disponíveis para mim, assim como estão à disposição também de todos os crentes. Entretanto, certas coisas podem estar disponíveis para nós sem nunca nos beneficiarem, porque nunca nos apropriamos delas. Enquanto vivermos na ignorância ou negligenciarmos as bênçãos que são nossas sob a aliança da graça, viveremos a frustração das obras.

Na verdade, foi isso que o Senhor me disse: "Frustração é igual a obras da carne." Em outras palavras, só nos beneficiamos das bênçãos da aliança da graça vivendo sob a graça. Enquanto vivermos sob as obras, ficaremos frustrados e deprimidos por estarmos tentando fazer o trabalho de Deus.

Deus nos deu o Seu Espírito Santo para ser nosso Auxiliador nesta vida (João 16:7). Mas as pessoas teimosas e independentes não querem qualquer ajuda dele. Elas querem fazer tudo por si mesmas. Quando chegam a pedir ajuda de qualquer tipo, é somente por terem esgotado todos os seus caminhos de autoajuda e chegado à conclusão inevitável de que simplesmente não podem fazer aquilo sozinhas.

Eu costumava ser assim. Preocupava-me e me angustiava e ficava esgotada por coisas simples como tentar abrir um vidro de maionese antes de finalmente desistir e pedir a Dave para vir até à cozinha e abrir o vidro para mim. O que me fazia agir assim? Pura teimosia — e orgulho. Eu queria provar que não precisava da ajuda de ninguém, pois podia fazer tudo por mim mesma. Mas eu não podia, e isso me deixava frustrada.

A maneira de recebermos ajuda — e assim evitarmos a frustração das obras — é simplesmente pedindo ajuda. Mas só os humildes fazem isso, porque pedir ajuda é o reconhecimento de que não podemos fazer tudo por nós mesmos.

ORGULHO *VERSUS* HUMILDADE

> Da mesma forma, jovens, sujeitem-se aos mais velhos. Sejam todos humildes uns para com os outros, porque "Deus se opõe aos orgulhosos, mas concede graça aos humildes". Portanto, humilhem-se debaixo da poderosa mão de Deus, para que ele os exalte no tempo devido. Lancem sobre ele toda a sua ansiedade, porque ele tem cuidado de vocês.
>
> 1 Pedro 5:5-7

Podemos ver nesta passagem o quanto a humildade é importante para Deus. Se formos cheios de orgulho e fizermos tudo do nosso próprio jeito sem ouvir a Deus, terminaremos em uma situação que resultará em ansiedade e estresse.

As razões pelas quais Deus nos pede para fazermos aquilo que precisamos fazer da Sua maneira não têm o intuito de tirar nada de nós. Ele está tentando nos preparar para recebermos uma bênção ou pode estar tentando nos proteger de algo de que não temos conhecimento. Precisamos estar sempre de prontidão contra o orgulho, pois ele nos impede de experimentar a paz e a alegria nesta vida.

Uma vez, depois de uma de nossas reuniões, em que ensinei sobre este assunto, uma senhora me procurou e disse:

— Estou procurando uma de suas fitas cassete, mas não a vejo na mesa das fitas.

— Qual é? — Perguntei.

— A fita sobre trocar o orgulho pela humildade — ela respondeu.

— Geralmente não a trazemos conosco porque não há muita procura por ela. Os humildes não precisam dela, e os que precisam são orgulhosos demais para comprá-la — eu lhe disse.

Isto seria engraçado se não fosse tão verdadeiro.

Tiago nos diz que Deus nos dá mais e mais graça — poder do Espírito Santo — para vencer todas as nossas tendências malignas. No mesmo versículo ele prossegue dizendo exatamente o que Pedro disse em sua primeira carta aos crentes: "... Deus resiste aos soberbos, mas dá graça aos humildes" (Tiago 4:6).

Tiago então nos estimula, assim como Pedro: "Humilhem-se diante do Senhor, e ele os exaltará" (v. 10).

Recebemos a graça de Deus nos humilhando perante Ele, lançando nossa ansiedade sobre Ele, e confiando nele para cuidar dela como Ele prometeu na Sua Palavra.

Pessoas orgulhosas não fazem isso, porque acham que podem lidar com tudo sozinhas. Só os humildes farão isso, por saberem que não podem cuidar de tudo — só Deus pode.

O SENHOR EDIFICA A CASA

> Se não for o Senhor o construtor da casa, será inútil trabalhar na construção. Se não é o Senhor que vigia a cidade, será

> inútil a sentinela montar guarda. Será inútil levantar cedo e dormir tarde, trabalhando arduamente por alimento. O Senhor concede o sono àqueles a quem Ele ama.
>
> Salmos 127:1-2

O que devemos deixar o Senhor construir em nossas vidas? A primeira coisa que precisamos deixá-lo construir é a *nós mesmos*.

Em Mateus 16:18 Jesus disse que Ele edificaria a Sua Igreja. Em 1 Coríntios 3:9 Paulo nos diz que nós somos essa Igreja: "Pois nós somos cooperadores de Deus; vocês são lavoura de Deus e edifício de Deus."

Nós somos o edifício, e Jesus é a Pedra Angular (ver Efésios 2:20). Estamos sendo edificados, um tijolo de cada vez, dia a dia, de glória em glória.

Mas *como* somos edificados? A resposta está na carta de Paulo aos Gálatas. Eles que precisavam ser lembrados da diferença entre as obras e a fé.

COMEÇANDO PELA FÉ, TERMINANDO PELA FÉ

> Será que vocês são tão insensatos que, tendo começado pelo Espírito, querem agora se aperfeiçoar pelo esforço próprio? Será que foi inútil sofrerem tantas coisas? Se é que foi inútil! Aquele que lhes dá o seu Espírito e opera milagres entre vocês, realiza essas coisas pela prática da lei ou pela fé com a qual receberam a palavra?
>
> Gálatas 3:3-5

Precisamos perguntar a nós mesmos o que Paulo estava perguntando aos tolos, insensatos e néscios gálatas: "Tendo começado a nossa nova vida em Cristo na dependência do Espírito, estamos agora tentando vivê-la na carne?"

Assim como fomos salvos pela graça (o favor imerecido de Deus) por meio da fé, e não pelas obras da carne (Efésios 2:8,9), precisamos aprender a viver pela graça (o favor imerecido de Deus) por meio da fé, e não pelas obras da carne.

Quando fomos salvos, não estávamos em condições de ajudar a nós mesmos. Em que estado estamos agora que fomos salvos pela graça por meio da fé na obra consumada de Jesus Cristo? Continuamos ainda sem condições de ajudar a nós mesmos! Por que então continuamos tentando fazer acontecer coisas que nunca acontecerão?

A única maneira de sermos "... usados como pedras vivas na edificação de uma casa espiritual para sermos sacerdócio santo, oferecendo sacrifícios espirituais aceitáveis a Deus, por meio de Jesus Cristo" (1 Pedro 2:5) é nos submetendo a Deus e deixando que Ele faça em nós a obra que precisa ser feita.

A carne não nos serve para nada. Só o Espírito pode nos fazer crescer até à perfeição de Cristo.

VOCÊ ESTÁ INTERESSADO EM SER APERFEIÇOADO?

> Com o fim de preparar os santos para a obra do ministério, para que o corpo de Cristo seja edificado, até que todos nós alcancemos a unidade da fé e do conhecimento do Filho de Deus, e cheguemos à maturidade, atingindo a medida da plenitude de Cristo.
>
> Efésios 4:12,13

Você está interessado em ser aperfeiçoado? Eu estou. Quero crescer no Senhor. Quero amadurecer e ser semelhante a Cristo em minhas atitudes e no meu comportamento. Assim como Paulo, quero conhecer Jesus e o poder da Sua ressurreição (Filipenses

3:10). Quero chegar à Sua estatura e operar segundo o fruto do Seu Espírito (Gálatas 5:22,23).

Mas não posso fazer tudo sozinha. Não posso eu mesma transformar o que sou no que quero ser. Tudo que posso fazer é estar disposta a ser transformada e humildemente me submeter ao Senhor, permitindo que Ele me transforme na pessoa que Ele quer que eu seja. E a única maneira como isso pode ser feito é por intermédio da fé.

O QUE É A FÉ?

> Pois temos ouvido falar da fé que vocês têm em Cristo Jesus [apoiando toda a sua personalidade humana nele em absoluta confiança no Seu poder, sabedoria e bondade] e do amor por todos os santos (os consagrados a Deus).
>
> Colossenses 1:4, AMP

De acordo com esse versículo, fé é apoiar toda a personalidade humana em Deus em absoluta confiança no Seu poder, sabedoria e bondade.

Significa ser necessário apoiarmos tudo que é nosso em Deus, crendo que só Ele tem a capacidade para fazer por nós o que precisa ser feito em nós. Nosso único trabalho é permanecer nele, apoiando-nos completamente e totalmente em Deus, colocando a nossa confiança no Senhor.

Quando o Espírito Santo nos convence dos nossos pecados, o que fazemos? A primeira coisa a ser feita é confessar esses pecados. Entramos em acordo com Deus acerca deles. A segunda é reconhecer a nossa incapacidade de fazer qualquer coisa a respeito dos nossos pecados. Quanto mais tentamos transformar a nós mesmos, pior ficamos.

Então, o que devemos fazer a fim de realizar a obra de Deus? A resposta está em João 6:28,29, quando os discípulos foram até Jesus e fizeram esta mesma pergunta:

> Dirigiram-se, pois, a ele, perguntando: Que faremos para realizar as obras de Deus? Respondeu-lhes Jesus: A obra de Deus é esta: que creiais naquele que por ele foi enviado.
>
> João 6:28-29, ARA

O NOSSO TRABALHO É CRER

O trabalho que Deus requer de nós é crer, e isso requer que nos apeguemos, confiemos, dependamos e tenhamos fé nele e em Seu Filho Jesus Cristo. Se realmente tivermos fé em Deus, se realmente apoiarmos toda a nossa personalidade nele em absoluta confiança no Seu poder, sabedoria e bondade, não ficaremos ansiosos ou preocupados. Deixaremos de tentar edificar a nós mesmos e permitiremos que Ele nos edifique e capacite.

O MESTRE CONSTRUTOR

> Pois toda casa é construída por alguém, mas Deus é o edificador de tudo.
>
> Hebreus 3:4

Deus é o Mestre Construtor. Jesus é a Pedra Angular. Deus é Aquele que nos edifica e nos capacita para a obra do Senhor Jesus Cristo.

Em Filipenses 1:6 o apóstolo Paulo escreve para nos garantir: "Aquele que começou boa obra em vocês vai completá-la até o dia de Cristo Jesus." Ele está nos dizendo simplesmente o seguinte: "Foi Deus quem começou esta obra em vocês, e é Deus quem vai completá-la!"

Sendo assim, devemos deixar Deus fazer Sua obra sozinho. Precisamos ficar de fora dos negócios de Deus e cuidar apenas do que nos diz respeito. Há certas coisas que só Deus pode fazer. Devemos fazer nossa parte e deixar que Ele faça a dele. Devemos cuidar do que é nossa responsabilidade, mas lançar nossa ansiedade sobre Ele.

Devemos confessar nossos pecados e fracassos ao Senhor, confiantes de que Ele nos perdoará esses pecados e falhas e nos purificará de toda injustiça, como prometeu na Sua Palavra (1 João 1:9). Devemos confiar a Ele o trabalho de nos aperfeiçoar para a obra que Ele tem para realizarmos nesta vida. Assim, retiramos a pressão de sobre nós, o que nos alivia da preocupação e da ansiedade que sentimos com tanta frequência enquanto insistimos em tentar aperfeiçoar a nós mesmos.

DEIXE PARA LÁ E DEIXE DEUS AGIR

> Afastem-se de toda forma de mal. Que o próprio Deus da paz os santifique inteiramente. Que todo o espírito, a alma e o corpo de vocês sejam preservados irrepreensíveis na vinda de nosso Senhor Jesus Cristo. Aquele que os chama é fiel, e fará isso.
>
> 1 Tessalonicenses 5:22-24

Aqui estão as instruções para encontrarmos paz e alegria: Ficar longe do comportamento errado e permitir que o próprio Senhor da paz nos santifique, nos preserve, nos consagre e nos guarde.

Estes versículos são um chamado da parte de Deus para termos uma vida santa. Eles também são a nossa garantia de que não somos nós que geramos essa vida santa, mas o próprio Deus, em quem podemos confiar completamente para fazer a obra em nós e por nós.

Qual é então a nossa parte? Qual é o trabalho que devemos fazer? O que Deus requer de nós? Nossa parte é *crer*. Nosso trabalho é confiar no Senhor. O requisito dele é que deixemos algumas coisas de lado, e então deixemos Deus agir.

DEIXE DEUS EDIFICAR

> Agora, eu os entrego a Deus e à palavra da sua graça, que pode edificá-los e dar-lhes herança entre todos os que são santificados.
>
> Atos 20:32

Deus, o Mestre Construtor, prometeu nos edificar se permitirmos que Ele faça isso. Que áreas da nossa vida precisamos permitir que Ele edifique?

A primeira área, que já discutimos, é esta: nós mesmos. A segunda área, que é realmente uma parte da primeira, é o nosso ministério. A terceira e última área é a nossa reputação.

DEUS E A NOSSA REPUTAÇÃO

> Acaso busco eu agora a aprovação dos homens ou a de Deus? Ou estou tentando agradar a homens? Se eu ainda estivesse procurando agradar a homens, não seria servo de Cristo.
>
> Gálatas 1:10

O apóstolo Paulo disse que no seu ministério ele precisava escolher entre agradar aos homens e agradar a Deus. Esta é uma escolha que cada um de nós precisa fazer.

Em Filipenses 2:7, lemos que Jesus esvaziou-se a si mesmo. Nosso Senhor não buscava um nome para si, e nós também não devemos fazer isso.

O Senhor certa vez me ordenou: "Diga ao Meu povo para parar de tentar construir sua própria reputação, e deixar que Eu faça isso por eles." Se o nosso objetivo é construir um nome para nós mesmos, isso fará com que vivamos com temor do homem em vez de vivermos com temor de Deus. Tentaremos ganhar o favor das pessoas em vez do favor do Senhor.

Durante anos, tentei construir minha própria reputação entre os crentes, tentando ganhar o favor dos homens. Eu manipulava, conspirava e jogava todos os jogos carnais para fazer amizade com o grupo certo de pessoas da igreja. Através de experiências amargas, aprendi que se queremos ser totalmente livres no Senhor precisamos fazer como Paulo nos disse em Gálatas 5:1: "Foi para a liberdade que Cristo nos libertou. Portanto, permaneçam firmes e não se deixem submeter novamente a um jugo de escravidão."

Não há nada que o diabo use mais para manter as pessoas fora da vontade de Deus do que a ameaça da rejeição. No meu caso, quando me comprometi totalmente em seguir a vontade de Deus para a minha vida, muitos dos meus antigos amigos me abandonaram e alguns até se voltaram contra mim. Como Paulo, logo aprendi que eu precisava escolher entre agradar às pessoas e agradar a Deus. Se eu tivesse escolhido ser popular junto às pessoas não estaria no lugar que ocupo hoje no ministério.

Os seguidores de Jesus enfrentaram essa mesma escolha desde o começo. Em João 12:42,43, lemos:

> Ainda assim, muitos líderes dos judeus creram nele. Mas, por causa dos fariseus, não confessavam a sua fé, com medo de serem expulsos da sinagoga; pois preferiam a aprovação dos homens do que a aprovação de Deus.

Hoje você e eu precisamos tomar uma decisão. Vamos continuar tentando edificar a nós mesmos, o nosso ministério e a nossa reputação, ou estamos dispostos a abrir mão de todos os nossos esforços humanos e simplesmente confiar em Deus? Estamos prontos e decididos a parar de agir com o braço da carne e começar a agir no braço do Senhor?

4. O BRAÇO DO SENHOR

... a quem foi revelado o braço do Senhor?
João 12:38

O BRAÇO DO SENHOR ESTÁ EM contraste direto com o braço da carne que discutimos anteriormente. Embora o braço da carne esteja baseado na aliança das obras, o braço do Senhor é fundamentado na aliança da graça. O primeiro depende da lei, o segundo depende da fé. Sob a primeira aliança, nós nos desgastamos tentando fazer as coisas acontecerem por nós mesmos. Sob a segunda aliança, entramos no descanso de Deus e dependemos dele para fazer por nós o que não podemos fazer por nós mesmos. Para cumprir a primeira aliança precisamos estar cheios de um zelo carnal. Para cumprir a segunda aliança precisamos estar cheios de Deus.

Em Romanos 12:1 nos é dito para apresentarmos nossos corpos como um sacrifício vivo, santo e agradável a Deus, que é o nosso culto racional e a nossa adoração espiritual. O Senhor me revelou que para ser cheio do Seu Espírito e ser agradável a Ele, precisamos 1) estar dispostos 2) ser rendidos e 3) estar vazios. Precisamos estar dispostos a permitir que Deus nos use como Ele bem entender. Precisamos estar dispostos a seguir os Seus planos, e não os nossos. Precisamos estar vazios de nós mesmos.

Para sermos agradáveis a Deus, precisamos abrir mão de todos os esforços humanos para edificarmos a nós mesmos, nosso ministério e nossa carreira, e permitir que o Senhor os edifique para nós de acordo com Sua vontade e com Seu plano para nossa vida. Precisamos aprender a estar satisfeitos com o lugar onde estamos e com o que estamos fazendo. Precisamos parar de nos preocupar e de nos angustiar e simplesmente permitir que o Senhor faça em nós e através de nós a obra que Ele sabe que precisa ser feita.

Para sermos agradáveis a Deus, precisamos parar de confiar no braço da carne e começar a confiar no braço do Senhor.

MAS DEUS... ESTAVA COM ELE

> Os patriarcas, tendo inveja de José, venderam-no como escravo para o Egito. Mas Deus estava com ele.
>
> Atos 7:9

O jovem José teve um sonho no qual se viu sendo honrado por todos os membros da sua família. O erro de José foi contar esse sonho, pois esta foi uma das razões pelas quais seus irmãos ficaram com tanto ódio e tanta inveja que tentaram se livrar dele vendendo-o como escravo.

José era demasiadamente cheio de vigor. É por isso que Deus precisou passar vários anos fazendo uma obra nele antes de poder usá-lo para cumprir Seu plano para abençoá-lo, bem como a sua família, e muitos, muitos outros.

Muitas vezes somos um pouco como José. Cometemos o mesmo erro que ele cometeu. Quando Deus nos revela Seu sonho e Sua visão para nossa vida, nós a compartilhamos com outros que não estão tão empolgados com ela quanto nós, e que podem até nos causar problemas, assim como os irmãos de José fizeram com ele. Como resultado da precipitação de José e de seus irmãos, ele acabou sozinho na cela de uma prisão no Egito, longe de casa e da família e sem ninguém a quem recorrer a não ser o Senhor.

Se você e eu quisermos desfrutar a plenitude de Deus em nossas vidas, teremos de passar por períodos em que precisaremos ficar a sós. Às vezes isso é bom para nós por ficarmos demasiadamente envolvidos pelas pessoas. Às vezes precisamos ser deixados sem ninguém para aprendermos a depender somente do Senhor. Como José, quando nos são retiradas todas as pessoas e coisas sobre as quais estamos nos apoiando, somos obrigados a colocar toda a nossa fé e confiança em Deus. O Senhor quer que estejamos arraigados e fundamentados nele, capazes de ficar a sós, com Ele nos sustentando.

Quando Deus me chamou para sair do meu emprego em St. Louis para entrar para o ministério em tempo integral, precisei passar por alguns momentos difíceis e solitários. Eu me vi na estrada com um ministério itinerante, almejando um sonho e uma visão que eu ainda não tinha confirmação de que era proveniente de Deus. Aqueles foram anos difíceis. Passei por momentos tão difíceis e solitários que clamei a Deus, implorando-lhe que me cercasse de pessoas para me apoiarem no que eu estava tentando fazer para Ele.

Na minha solidão, eu orava: "Senhor, preciso ter alguém com quem falar. Eu não tenho ninguém."

"Você tem a Mim." Ele dizia. "Fale comigo."

"Mas, Senhor", eu chorava. "Não sei como fazer isso. Preciso estar cercada de pessoas a quem eu possa perguntar sobre esta situação."

Mas o Senhor não queria que eu falasse com ninguém mais sobre o que Ele havia me dito para fazer. Ele queria que eu buscasse a Sua direção e a Sua orientação, e não as opiniões e o conselho de outras pessoas. Com no caso de José, Deus queria que eu dependesse do braço do Senhor e não do braço da carne. Não é errado buscar o conselho de outros, mas no meu caso eu era tão insegura e tinha tanto medo da rejeição, que teria seguido o conselho que as pessoas me dessem em vez de buscar a direção de Deus.

Deus não quer que sejamos um clone. Ele quer que sejamos únicos e criativos. Ele está procurando algo novo e original em nós. Ele quer que sejamos capazes de agir pelo Seu Espírito.

Uma das coisas que Deus me ensinou durante aquele período difícil e solitário da minha vida foi a diferença entre os vários tipos de pássaros e as águias. A maioria dos pássaros voa em bandos, mas as águias voam sozinhas. Cada um de nós precisa decidir se quer voar junto como um dos muitos pássaros de um banco ou se quer ser uma águia. Se queremos ser águias, precisamos aprender a voar sozinhos.

Houve muitos momentos em que José foi obrigado a voar sozinho. Ele precisou enfrentar momentos difíceis e solitários em sua vida, principalmente durante o período em que passou na prisão de um país estrangeiro. Mas apesar de toda a adversidade que se levantou contra ele, observe o que a Bíblia diz sobre a sua situação: "José foi vendido como escravo por seus próprios irmãos, *mas Deus* estava com Ele." Esta frase "mas Deus" ocorre várias vezes nesta história, como veremos.

O LIVRAMENTO DE DEUS NA DIFICULDADE

> E [Deus] o libertou de todas as suas tribulações, dando a José favor e sabedoria diante do faraó, rei do Egito; este o tornou governador do Egito e de todo o seu palácio.
>
> Atos 7:10

Deus construiu a reputação e a carreira de José. Ele o colocou no lugar certo. Ele lhe deu favor junto às pessoas certas e o promoveu quando chegou a hora certa, exatamente como fará por nós: "Não é do Oriente nem do Ocidente nem do deserto que vem a exaltação" (Salmos 75:6). Você e eu não precisamos depender do braço da carne nos nossos esforços para vencer a adversidade e a oposição e ganhar o favor e a promoção. Quando Deus estiver pronto para se mover em nossas vidas, Ele nos concederá favor e promoção — e nenhum diabo ou pessoa na terra poderá impedir que isto aconteça: "Se Deus é por nós, quem será contra nós?" (Romanos 8:31).

Não importa o que as pessoas pensem a nosso respeito. Nossas fraquezas e incapacidades não fazem diferença alguma para Deus. O Seu critério para usar as pessoas não são os talentos, os dons e as habilidades delas. Ele está à procura de pessoas que estejam dispostas, rendidas e que estejam vazias. Deixe Deus edificá-lo; permita que Ele edifique seu ministério, sua reputação e carreira. Quando chegar a hora certa, Ele o libertará assim como libertou José. Então você verá o cumprimento do seu sonho, assim como José viu.

MAS DEUS... O TORNOU EM BEM

> Depois vieram seus irmãos, prostraram-se diante dele e disseram: "Aqui estamos. Somos teus escravos!" José, porém, lhes disse: "Não tenham medo. Estaria eu no lugar de Deus? Vocês planejaram o mal contra mim, mas Deus o tornou em bem, para que hoje fosse preservada a vida de muitos".
>
> Gênesis 50:18-20

Seja o que for que tenha acontecido conosco no passado, isso não deve ditar o nosso futuro. Independentemente do que as pessoas possam ter tentado fazer conosco, Deus pode tomar essa circunstância em Suas mãos e transformá-la em bem: "E aquele que sonda os corações conhece a intenção do Espírito, porque o Espírito intercede pelos santos de acordo com a vontade de Deus" (Romanos 8:27).

Os irmãos de José planejaram fazer-lhe mal, mas Deus tornou isso em bem. Eles arquitetaram um plano para destruí-lo, vendendo-o como escravo ao Egito. Mas no fim José se tornou o segundo no comando depois de Faraó e foi um instrumento usado por Deus para salvar sua própria família e muitos milhares de outras. Este é um bom exemplo do braço do Senhor triunfando sobre o braço da carne.

Às vezes nos esquecemos do quanto o nosso Deus é grande. Ao longo de tudo que lhe aconteceu, José manteve os seus olhos em Deus. Ele não ficou sentado se queixando e reclamando, nem tendo uma crise de autopiedade. Apesar do que os outros — até mesmo seus irmãos — fizeram para ele, José não se permitiu ficar cheio de amargura, ressentimento e falta de perdão. Ele sabia que não importava quem estava contra ele, porque Deus era por ele e, no fim, resolveria tudo para o bem de todos os envolvidos.

José sabia que fosse qual fosse o desfecho, Deus estava do seu lado. Ele deixou Deus edificar sua vida, sua reputação e sua carreira. É isto que você e eu precisamos fazer. Precisamos não colocar nossa confiança no braço da carne, mas sim confiar nossa vida inteiramente ao braço do Senhor.

NÃO COLOQUE SUA SEGURANÇA NA CARNE

> Uma voz ordena: "Clame." E eu pergunto: "O que clamarei?" "Que toda a humanidade é como a relva, e toda a sua glória como as flores do campo. A relva murcha e cai a sua flor, quando o vento do Senhor sopra sobre eles; o povo não passa

> de relva. A relva murcha, e as flores caem, mas a palavra de nosso Deus permanece para sempre".
>
> Isaías 40:6-8

Quando comecei a seguir o chamado de Deus para o ministério, muitas pessoas me disseram que eu não poderia fazer isso, por uma série de razões. As duas principais eram: 1) eu era uma mulher e 2) eu não tinha a personalidade adequada para ser uma ministra do Evangelho. *Mas Deus* queria me usar, mesmo eu sendo uma mulher, e para isso Ele mudou a minha personalidade.

Aquelas pessoas estavam erradas ao dizerem que eu não era capaz de atuar como uma ministra por ser mulher, mas estavam certas quanto ao fato de que eu não tinha o tipo de personalidade necessária para ministrar. Eu não era uma pessoa muito agradável. Era áspera e dura, cruel e rude, grosseira e autoritária, rebelde e obstinada. *Mas Deus* trabalhou em mim, e começou a me transformar. Ele fará o mesmo por você, se mantiver os olhos nele e não em si mesmo.

NÃO CONFIE NA CARNE

> Porque a circuncisão somos nós, que servimos a Deus em espírito, e nos gloriamos em Jesus Cristo, e não confiamos na carne.
>
> Filipenses 3:3, ACF

Você e eu temos duas opções: vamos nos apoiar no braço da carne ou no braço do Senhor. Vamos passar nossas vidas tentando cuidar de nós mesmos ou vamos colocar essas tentativas de lado deixando Deus cuidar de nós à medida que colocamos a nossa fé e confiança nele.

Por intermédio do profeta Isaías, o Senhor nos disse para não confiarmos na carne, porque toda carne é frágil como a relva. Como as flores do campo, ela está aqui hoje e amanhã terá partido.

Não podemos colocar confiança alguma na carne. Sem o Senhor não podemos fazer nada. Precisamos nos humilhar sob a Sua poderosa mão e esperar nele para nos exaltar no Seu tempo apropriado.

RECONHEÇA DEUS

> Reconheça o Senhor em todos os seus caminhos, e ele endireitará suas veredas.
>
> Provérbios 3:6

Você sabe o que significa reconhecer o Senhor em todos os nossos caminhos? Significa submeter todos os nossos planos à vontade dele para que Ele os desenvolva de acordo com a Sua vontade e o Seu desejo para nós. E o que Ele quer é que o conheçamos no poder da Sua ressurreição e que o contemplemos em toda a Sua beleza e glória (Filipenses 3:10).

Precisamos buscar uma coisa somente, que é habitar na Sua presença, porque só ali podemos experimentar a plenitude de alegria (Salmos 27:4; 16:11). É sinal de maturidade buscar a Deus por quem Ele é e não apenas pelo que Ele pode fazer por nós.

Se meu marido retornasse de um lugar distante de casa após uma longa viagem eu iria encontrá-lo no aeroporto, entusiasmada por vê-lo. Pelo fato de me importar com ele, meu marido tem prazer em me dar presentes para demonstrar o seu amor. Entretanto, se eu fosse encontrá-lo no aeroporto muito animada, não por ele estar de volta ao lar, mas para descobrir que presente ele me trouxe, meu esposo poderia se sentir magoado e ofendido.

Descobri que quando busco a face de Deus (a Sua Presença) para conhecer melhor o nosso Pai celestial maravilhoso e amoroso, Sua mão está sempre aberta para mim.

Como Seus filhos, Deus está esperando que cresçamos em todas as coisas à estatura de Seu Filho Jesus Cristo (Efésios 4:13). Os bebês choram todas as vezes que não conseguem o que querem, mas os adultos não.

A Bíblia ensina que uma criança deve ser criada na instrução e no conselho do Senhor, prometendo que se ela for treinada no caminho por onde deve andar, ela não se afastará dele (Efésios 6:4; Provérbios 22:6). Deus está nos treinando como Seus filhos, no caminho por onde devemos andar — não no caminho que nós *queremos* andar, mas no caminho que *devemos* andar.

O SENHOR CONHECE O MELHOR PLANO!

> Ouçam agora, vocês que dizem: "Hoje ou amanhã iremos para esta ou aquela cidade, passaremos um ano ali, faremos negócios e ganharemos dinheiro."
>
> Vocês nem sabem o que lhes acontecerá amanhã! Que é a sua vida? Vocês são como a neblina que aparece por um pouco de tempo e depois se dissipa. Ao invés disso, deveriam dizer: "Se o Senhor quiser, viveremos e faremos isto ou aquilo".
>
> Tiago 4:13-15

Levei muito tempo para aprender a querer o que Deus quer, mais do que o que eu quero. Agora quero a vontade de Deus mais do que a minha própria vontade. Sei que se eu quiser algo e Deus disser não, isso pode ferir meus sentimentos e ser difícil de aceitar, mas será melhor para mim em longo prazo.

Certa vez, eu estava sentada em meu carrinho de golfe com meu marido Dave fazendo planos para nossas próximas férias. Estávamos nos divertindo tanto onde estávamos que eu já planejava a nossa volta para aquele mesmo lugar no ano seguinte. De repente, o Senhor falou comigo as palavras de Tiago 4:13-15. Eu nem sabia que elas estavam na Bíblia até procurá-las por mim mesma.

O Senhor não estava me dizendo que eu não deveria planejar o futuro. Estava me dizendo para não me antecipar e para não exagerar na minha maneira de ver a mim mesma ou os meus planos. Ele estava me dizendo que todas as minhas ideias brilhantes não valem dois centavos; é a vontade e o propósito dele que realmente importam. Era isso que eu deveria estar buscando, e não os meus próprios desejos. Tive de aprender que a carne para nada aproveita. Frequentemente, fazemos os nossos próprios planos e esperamos que Deus os abençoe. Eu estava demonstrando desrespeito para com Ele por não reconhecê-lo em meus planos.

O meu problema era que eu tinha um espírito arrogante. Em Provérbios 16:18 há uma advertência: "O orgulho antecede a destruição; o espírito altivo, antecede a queda." A chave para a vida abundante, alegre e pacífica que Jesus morreu para nos dar é a humildade. Precisamos aprender a nos humilhar sob a poderosa mão de Deus para que Ele possa nos exaltar no devido tempo. Uma maneira de nos humilharmos é esperando no Senhor, recusando-nos a nos movermos na energia da carne. Precisamos aprender a viver um dia de cada vez e a estar contentes onde estamos e com o que temos até o Senhor nos conduzir a algo melhor.

Não é errado planejar as férias, mas quando reconhecemos a Deus isso o honra. Quando o honramos, Ele nos honra — e frequentemente nos concede o desejo do nosso coração!

O verdadeiro problema aqui é a atitude. Se minha atitude tivesse sido a correta, eu teria começado elevando o meu coração ao Senhor dizendo algo como: "Senhor, se Tu achares que está bem, eu realmente gostaria de voltar aqui no ano que vem. Estamos começando a fazer planos, mas se Tu não aprovares, ficaremos felizes que interrompas os nossos planos a qualquer momento que queiras. Queremos a Tua vontade!"

ESVAZIE-SE E SEJA CHEIO

Certo dia, a mulher de um dos discípulos dos profetas foi falar a Eliseu: "Teu servo, meu marido, morreu, e tu sabes que ele temia o Senhor. Mas agora veio um credor que está querendo levar meus dois filhos como escravos".

Eliseu perguntou-lhe: "Como posso ajudá-la? Diga-me, o que você tem em casa?" E ela respondeu: "Tua serva não tem nada além de uma vasilha de azeite". Então disse Eliseu: "Vá pedir emprestadas vasilhas a todos os vizinhos. Mas peça muitas. Depois entre em casa com seus filhos e feche a porta. Derrame daquele azeite em cada vasilha e vá separando as que você for enchendo".

Depois disso ela foi embora, fechou-se em casa com seus filhos e começou a encher as vasilhas que eles lhe traziam. Quando todas as vasilhas estavam cheias, ela disse a um dos filhos: "Traga-me mais uma". Mas ele respondeu: "Já acabaram". Então o azeite parou de correr. Ela foi e contou tudo ao homem de Deus, que lhe disse: "Vá, venda o azeite e pague suas dívidas. E você e seus filhos ainda poderão viver do que sobrar".

2 Reis 4:1-7

A chave para encontrarmos o valor e a dignidade é saber quem somos em Jesus. Quando temos consciência disso, não há nada mais a fazer a não ser ficarmos maravilhados com o Senhor e darmos graças e louvor a Ele pelo que fez por nós em Cristo. Como esta pobre viúva, o primeiro passo para ser cheio é reconhecer que estamos vazios.

Todos nós somos vasos vazios. Nenhum de nós tem nada de valor a não ser o poder de Deus que habita dentro de nós e flui do nosso interior. O que temos para oferecer a Deus? Nada. Deus não necessita de nada. Ele não precisa de você e nem de mim. Ele pode fazer Seu próprio trabalho sem nós. Não somos indispensáveis.

Não digo isso para nos abater ou para fazer com que nos sintamos mal com nós mesmos, mas para provar um ponto de vista. Se não nos livrarmos da nossa soberba e da nossa arrogância, o Senhor não poderá nos usar como deseja.

Temos valor, mas somente o valor que o Senhor nos dá por causa do sangue de Seu Filho Jesus Cristo. Não temos nada em nós mesmos e de nós mesmos. Em Cristo, somos e temos tudo. Mas em nossa carne, não há nada de valor. O que nasce da carne é carne, e de nada nos aproveita.

Quando comecei a ministrar, eu queria ajudar as pessoas. Então o Senhor falou comigo e disse: "Quando você estiver vazia de si mesma a tal ponto que reste dentro de você somente a condição de depender do Espírito Santo, quando tiver aprendido que tudo que você é e tem vem dele, então Eu a enviarei aos seus vizinhos para encher os seus vasos vazios com a vida que Eu derramei no vaso vazio que é você."

Chegar ao ponto de nos esvaziarmos de nós mesmos não é uma tarefa fácil e raramente é uma tarefa rápida. Uma obra profunda precisa ser feita em cada um de nós antes de podermos dizer com o apóstolo Paulo:

> Fui crucificado com Cristo. Assim, já não sou eu quem vive, mas Cristo vive em mim. A vida que agora vivo no corpo, vivo-a pela fé no filho de Deus, que me amou e se entregou por mim.
>
> Gálatas 2:20

Passei muitos anos me perguntando se algum dia eu chegaria ao ponto de manifestar humildade em vez de orgulho — ao ponto de ser dependente de Deus em vez de independente, ao ponto de confiar no Seu braço e não no meu. Se você sente o mesmo, deixe-me encorajá-lo dizendo que se não desistir, você já estará progredindo.

Talvez pareça que chegar ao ponto desejado por você está demorando uma eternidade, mas "... estou convencido de que aquele que começou boa obra em vocês vai completá-la até o dia de Cristo Jesus" (Filipenses 1:6).

Se prosseguirmos e formos sinceros para com a nossa maturidade espiritual, por fim todos nós seremos como a mulher de 2 Reis 4:1-7 — vazios de nós mesmos e prontos para sermos usados por Deus para encher outras pessoas vazias. Só depois de entendermos que não somos nós, que tudo é o Senhor, é que podemos começar a servi-lo como deveríamos. Alguém disse: "Ainda não se viu o que Deus pode fazer através de um homem ou mulher que dê a Ele toda a glória."

Precisamos entender que as batalhas que enfrentamos nesta vida não são nossas, mas de Deus. Se pararmos de tentar vencê-las dependendo do braço da carne, encontraremos o braço do Senhor movendo-se em nosso favor e fazendo por nós o que jamais poderíamos fazer por nós mesmos.

Para conhecer e experimentar o que Deus pode fazer, precisamos primeiramente entender e reconhecer o que não podemos fazer. Precisamos tirar os nossos olhos de nós mesmos e da nossa capacidade limitada, e colocá-los totalmente nas mãos dele e contar com o Seu infinito poder.

TRÊS PRINCÍPIOS IMPORTANTES

> Depois disto, os filhos de Moabe e os filhos de Amom, com alguns dos meunitas, vieram à peleja contra Josafá. Judá se congregou para pedir socorro ao SENHOR; também de todas as cidades de Judá veio gente para buscar ao SENHOR. Pôs-se Josafá em pé, na congregação de Judá e de Jerusalém, na Casa do SENHOR, diante do pátio novo, e disse:
>
> "Ah! SENHOR, Deus de nossos pais, porventura, não és tu Deus nos céus? Não és tu que dominas sobre todos os reinos

> dos povos? Na tua mão, está a força e o poder, e não há quem te possa resistir. Agora, pois, eis que os filhos de Amom e de Moabe e os do monte Seir, cujas terras não permitiste a Israel invadir, quando vinham da terra do Egito, mas deles se desviaram e não os destruíram, eis que nos dão o pago, vindo para lançar-nos fora da tua possessão, que nos deste em herança. Ah! Nosso Deus, acaso, não executarás tu o teu julgamento contra eles? Porque em nós não há força para resistirmos a essa grande multidão que vem contra nós, e não sabemos nós o que fazer; porém os nossos olhos estão postos em ti".
>
> 2 Crônicas 20:1, 4-6, 10-12, ARA

No versículo 12 dessa passagem vemos três declarações importantes que se aplicam a nós hoje tanto quanto ao povo de Judá que enfrentava inimigos opressores: 1) "Em nós não há força para resistirmos a essa grande multidão que vem contra nós." 2) "Não sabemos o que fazer." 3) "Porém os nossos olhos estão postos em ti."

Quando chegarmos ao ponto de poder fazer essas três afirmações diante do Senhor de maneira totalmente sincera e em completa dependência dele, Ele estará livre para se mover em nosso favor, como fez pelas pessoas dessa história.

Às vezes nos perguntamos por que parece que Deus não está se movendo em nossas vidas. A resposta pode ser porque ainda estamos cheios demais de nós mesmos. O motivo pelo qual Deus talvez não esteja assumindo o controle da nossa situação é por não queremos soltá-la. Isso é parte do que a Bíblia quer dizer quando afirma que a batalha não é nossa, mas de Deus.

A BATALHA NÃO É SUA, MAS DE DEUS...

> Todos os homens de Judá, com suas mulheres e seus filhos, até os de colo, estavam ali de pé, diante do Senhor. Então o Espírito do Senhor veio sobre Jaaziel, filho de Zacarias,

neto de Benaia, bisneto de Jeiel e trineto de Matanias, levita e descendente de Asafe, no meio da assembleia. Ele disse: Escutem, todos os que vivem em Judá e em Jerusalém e o rei Josafá! Assim lhes diz o Senhor:

"Não tenham medo nem fiquem desanimados por causa desse exército enorme. Pois a batalha não é de vocês, mas de Deus. Amanhã, desçam contra eles. Eis que virão pela subida de Ziz, e vocês os encontrarão no fim do vale, em frente do deserto de Jeruel. Vocês não precisarão lutar nessa batalha. Tomem suas posições; permaneçam firmes e vejam o livramento que o Senhor lhes dará, ó Judá, ó Jerusalém. Não tenham medo nem desanimem. Saiam para enfrentá-los amanhã, e o Senhor estará com vocês".

Josafá prostrou-se, rosto em terra, e todo o povo de Judá e de Jerusalém prostrou-se em adoração perante o Senhor.

2 Crônicas 20:13-18

Antes que comecemos a gritar o que lemos no versículo 15: "A batalha não é minha, mas Tua", precisamos fazer o que nos é dito no versículo 12: 1) Reconhecer que não temos poder para nos salvarmos, 2) admitir que não sabemos o que fazer diante da nossa situação e 3) levantar nossos olhos para o Senhor, colocando nossa fé e confiança nele para nos livrar.

Quando pararmos de confiar no braço da carne para nos dar a solução, Deus começará a nos dar Suas instruções com relação ao que devemos fazer. Muitas vezes será o mesmo que Ele disse ao povo nesta passagem: "Fiquem parados."

No Salmo 46:10 o Senhor nos diz: "Aquietai-vos, e sabei que eu sou Deus; serei exaltado entre os gentios; serei exaltado sobre a terra." Em Isaías 40:31 nos é dito que "Aqueles que esperam no Senhor renovam as suas forças. Voam bem alto como águias; correm e não ficam exaustos, andam e não se cansam".

Não será o fim do mundo se não fizermos absolutamente nada por um mês ou dois a não ser cair de joelhos e dizer: "Senhor, estou esperando em Ti. Eu Te adoro e espero que Tu Te movas contra os meus inimigos e tragas a minha libertação."

Quando os israelitas partiram do Egito, a terra do cativeiro, para Canaã, a terra da promessa, a nuvem do Senhor ia adiante deles, abrindo caminho. Cada vez que a Arca da Aliança era levantada e carregada diante deles, Moisés clamava a Deus: "Levanta-te, ó Senhor! Sejam espalhados os teus inimigos e fujam de diante de ti os teus adversários" (Números 10:35). Amo esse versículo. Creio que ele deveria ser o nosso grito de guerra: "Levanta-te Deus e sejam dispersos os Teus inimigos!"

Precisamos nos lembrar de que quando o Senhor se levanta, todo joelho deve se prostrar e toda língua deve confessar que Jesus Cristo é Senhor, para a glória de Deus Pai (Filipenses 2:10,11).

Muitas pessoas no Corpo de Cristo perderam de vista a grandeza de Deus. Temos a tendência de pensar nele e nas Suas habilidades do ponto de vista humano limitado. Servimos a um grande e poderoso Deus. Todo inimigo cairá diante dele. É muito importante mantermos os nossos olhos nele e não em nós mesmos.

No versículo 16 dessa passagem, Deus começou a dar instruções ao Seu povo por intermédio do Seu profeta. Ele lhes disse para tomarem posição, ficarem parados e verem o livramento do Senhor. Não deviam ter medo nem ficar apavorados, pois Deus estava com eles. Ouvindo essas notícias, o Rei Josafá e todo o povo se prostraram com o rosto voltado para o chão e adoraram ao Senhor. Ao enfrentarem os seus inimigos, essa foi a posição do povo de Deus — e deve ser a nossa posição hoje.

Precisamos passar mais tempo em adoração e louvor e menos tempo planejando, esquematizando e tentando dizer a Deus o que Ele precisa fazer. Precisamos nos lembrar de que Deus resiste ao soberbo, mas dá graça ao humilde.

DEUS AJUDA OS QUE NÃO TÊM AJUDA

Rogo igualmente aos jovens: sede submissos aos que são mais velhos; outrossim, no trato de uns com os outros, cingi-vos todos de humildade, porque Deus resiste aos soberbos, contudo, aos humildes concede a sua graça.

1 Pedro 5:5, ARA

Deus quer nos ensinar que não podemos obter êxito confiando em nós mesmos, e em nosso próprio conhecimento, sabedoria, força e capacidade humana, mas nele.

O mundo diz: "Deus ajuda aqueles que se ajudam." Essa afirmação é totalmente antibíblica. Em algumas questões nós nos ajudamos; Deus não vai enviar um anjo para limpar nosso carro e nossa casa, por exemplo. Precisamos estar no comando dessas ações. Também precisamos sair e procurar um emprego para ganhar a vida. Deus nos dá sabedoria e força, mas precisamos usar o nosso próprio braço da carne para agir nessas questões.

A Bíblia nos diz que Deus ajuda aqueles que não podem ajudar a si mesmos, no sentido de que devemos depender não dos nossos próprios esforços, planos e esquemas para passarmos por esta vida e resolver todos os nossos problemas, mas do Senhor.

Dizer que Deus ajuda aqueles que se ajudam não é apenas antibíblico, como também enganoso. Essa afirmação tende a fazer com que as pessoas se sintam como se precisassem fazer tudo que puderem por si mesmas antes mesmo de pedirem ajuda a Deus. Não é de admirar que esta seja uma "afirmação mundana" frequentemente aceita como sendo bíblica.

Satanás, o Deus do sistema deste mundo (ver 2 Coríntios 4:4) gostaria que nós acreditássemos e passássemos a vida frustrados tentando cuidar de nós mesmos em vez de nos apoiarmos em Deus.

Deus não ajuda aqueles que se ajudam; Ele ajuda aqueles que sabem que não podem ajudar a si mesmos e, como o Rei Josafá e o povo de Judá, entendem que são totalmente dependentes dele para serem libertos.

OS BRAÇOS ETERNOS

> O Deus eterno é a tua habitação, e por baixo estão os braços eternos; e ele lançará o inimigo de diante de ti, e dirá: Destrói-o.
>
> Deuteronômio 33:27, ACF

Costumamos cantar um velho hino que diz: "Descansando nos eternos braços do meu Deus." Ao cantarmos este hino, devemos sentir os braços eternos do Senhor nos sustentando e nos erguendo. Devemos sentir a presença manifesta de Deus conosco ao tomarmos a decisão consciente de não mais nos apoiarmos no braço da carne, mas no braço do Senhor.

CONOSCO ESTÁ O SENHOR NOSSO DEUS

> Sejam fortes e corajosos. Não tenham medo nem desanimem por causa do rei da Assíria e do seu enorme exército, pois conosco está um poder maior do que o que está com ele. Com ele está somente o poder humano mas conosco está o Senhor, o nosso Deus, para nos ajudar e para travar as nossas batalhas. E o povo ganhou confiança com o que disse Ezequias, rei de Judá.
>
> 2 Crônicas 32:7-8

Quando os Assírios vieram com grande força para invadir Judá e sitiaram Jerusalém, o Rei Ezequias encorajou o povo com as seguintes palavras: "Sejam fortes e corajosos. Não tenham medo nem desanimem por causa do rei da Assíria e do enorme exército que está com ele. Aquele que está conosco é maior do que todos eles juntos. O rei da Assíria fracassará, e nós seremos vitoriosos, porque ele depende do braço da carne, mas nós confiamos no braço do Senhor."

Essa é a atitude que você e eu precisamos ter diante dos nossos problemas aparentemente avassaladores. Em vez de olharmos para os nossos fracassos passados, para as ideias equivocadas que nos vêm à mente no momento ou para o nosso medo do futuro, deveríamos olhar para o Senhor, confiando na Sua sabedoria, força e poder. Deveríamos lembrar a nós mesmos de que independentemente de quantos problemas estejam diante de nós, aquele que está conosco é maior do que todos os que se opõem a nós. Com eles está o braço da carne, mas conosco está o braço do Senhor.

Em Jeremias 17:5-8 lemos que aqueles que colocam a sua confiança no braço da carne são amaldiçoados com grande mal. Eles são como uma planta no deserto que está seca e nua. Eles não verão nenhum bem acontecer. Mas aqueles que colocam a sua confiança no braço do Senhor são abençoados; eles são como uma árvore plantada junto a um rio. Não cessam de produzir bons frutos mesmo em meio a uma seca. Não importa o que aconteça, eles florescerão e "... não ficarão ansiosos e cheios de preocupações..." (v. 8).

Não devemos nos apoiar no braço da carne, mas no braço do Senhor. Sendo assim, não devemos nos apoiar em nós mesmos ou em outras pessoas, mas em Deus. Pessoas nos decepcionarão e acabaremos arrasados, mas Deus nunca falhará conosco nem nos abandonará. Assim como Jesus, precisamos amar as pessoas, mas não confiar a nossa vida a elas.

AME O HOMEM, CONFIE EM DEUS

> Enquanto estava em Jerusalém, na festa da Páscoa, muitos viram os sinais miraculosos que ele estava realizando e creram em seu nome.
>
> Mas Jesus não se confiava a eles, pois conhecia a todos.
>
> Não precisava que ninguém lhe desse testemunho a respeito do homem, pois ele bem sabia o que havia no homem.
>
> João 2:23-25

Jesus amava as pessoas, principalmente Seus discípulos. Ele tinha uma grande comunhão com eles. Viajava, comia com eles e lhes ensinava. Mas não colocava a Sua confiança neles, pois Ele sabia o que havia na natureza humana.

Não que Jesus não tivesse confiança no Seu relacionamento com eles; Ele simplesmente não se abria e não se entregava a eles da mesma maneira que confiava em Deus e se abria com o Seu Pai Celestial.

É assim que devemos ser. Devemos amar as pessoas, mas confiar em Deus.

Muitas vezes ficamos arrasados por criarmos relacionamentos com pessoas com as quais não deveríamos nos envolver. Ficamos excessivamente familiarizados com elas e confiamos nelas quando deveríamos confiar em Deus.

Amo meu marido. Ele e eu temos um relacionamento maravilhoso. Não creio que eu pudesse encontrar um homem melhor para estar casada do que Dave Meyer. Ele é bom para mim e me respeita. Ele me trata como um marido deve tratar a sua esposa. Mas, sendo humano, ele algumas vezes ainda diz e faz coisas que me ferem, assim como eu às vezes digo e faço coisas que o ferem.

Por que acontece isso, mesmo no melhor dos relacionamentos humanos? Porque não somos perfeitos. Só Deus é Aquele com quem podemos contar e nunca falhará conosco, nunca nos decepcionará nem nos magoará. Ele nunca nos fará mal. Por mais que possamos amar, honrar, valorizar e respeitar os outros — principalmente o nosso cônjuge ou os membros da nossa família — não devemos colocar nossa confiança no braço fraco da carne, mas somente no braço forte do Senhor.

Quando esperamos das pessoas aquilo que elas não são capazes de nos dar, sempre terminamos decepcionados e feridos.

•

5. A GUERRA DO DESCANSO

Pois nós, os que cremos, é que entramos naquele descanso...
Hebreus 4:3

CONFORME MENCIONAMOS ANTERIORMENTE, é muito importante entrarmos no descanso de Deus através da fé e da confiança nele. Há uma guerra do descanso à nossa volta, mas podemos frustrar o que o diabo está tentando fazer em nossa vida simplesmente nos recusando a ficar angustiados. Neste capítulo, examinaremos como entrar e permanecer neste lugar de descanso.

O mundo em que vivemos hoje se encaixa na descrição abaixo de 2 Timóteo 3:1. Ao ler essa passagem das Escrituras, tenha em mente que os crentes agem a partir de um mundo diferente do mundo dos incrédulos — estamos neste mundo, mas não somos dele.

> Saiba disto: nos últimos dias sobrevirão tempos terríveis.

Estamos em tempos assim: difíceis de lidar e de suportar. Os versículos 2 a 5 continuam descrevendo o que podemos reconhecer como sendo os tempos em que estamos vivendo hoje, e também nos indicam a atitude que devemos tomar com relação ao mundo que nos cerca:

> Os homens serão egoístas, avarentos, presunçosos, arrogantes, blasfemos, desobedientes aos pais, ingratos, ímpios, sem amor pela família, irreconciliáveis, caluniadores, sem domínio próprio, cruéis, inimigos do bem, traidores, precipitados, soberbos, mais amantes dos prazeres do que amigos de Deus, tendo aparência de piedade, mas negando o seu poder. Afaste-se também destes.

Estamos vivendo nos tempos descritos por essas passagens bíblicas.

No versículo 11, depois de descrever as perseguições e sofrimentos que enfrentou, Paulo então declara: "... de todas essas coisas o Senhor me livrou!" E continua:

> De fato, todos os que desejam viver piedosamente em Cristo Jesus serão perseguidos. Contudo, os perversos e impostores irão de mal a pior, enganando e sendo enganados.
>
> Quanto a você, porém, permaneça nas coisas que aprendeu e das quais tem convicção, pois você sabe de quem o aprendeu.
>
> 2 Timóteo 3:12-14

No capítulo 4, Paulo começa a explicar qual deve ser a nossa reação ao vivermos neste tipo de atmosfera e situação:

> Proclame e pregue a palavra! Mantenha o seu senso de urgência, esteja preparado a tempo e fora de tempo, quer a oportunidade pareça ser favorável ou desfavorável. [Quer seja conveniente ou inconveniente, quer seja bem-vindo ou

> não, você, como pregador da Palavra deve mostrar às pessoas de que maneira a vida delas está errada]. E convença-as, repreendendo e corrigindo, advertindo e incentivando e encorajando-as, sendo perseverante e incansável em toda a paciência e doutrina.
>
> Pois virá o tempo em que [as pessoas] não suportarão a sã doutrina; pelo contrário, sentindo coceira nos ouvidos, [por algo agradável e gratificante], juntarão mestres para si mesmos, um após o outro, até um número considerável, escolhidos para satisfazer os seus próprios desejos e para promover os erros que eles têm. Eles se recusarão a dar ouvidos à verdade, voltando-se para os mitos e as fábulas criadas por homens.
>
> 2 Timóteo 4:2-4, AMP

Existem pessoas com "coceira nos ouvidos" na Igreja hoje. Se elas ouvem um ensino que não lhes agrada, não querem dar ouvidos a ele. Em vez de pararem para verificar no seu coração se aquilo é correto, encontram alguém que lhes ensine o que elas querem ouvir; e é para lá que vão.

Às vezes as pessoas que buscam aconselhamento têm "coceira nos ouvidos". Elas querem alguém para aconselhá-las e lhes dizer o que querem ouvir. Se a pessoa que as está aconselhando diz a verdade, elas não voltam mais. É muito perigoso não querer ouvir a verdade — não dar ouvidos ao ensinamento e ao conselho baseado na Palavra de Deus!

Paulo nos adverte a mantermos o nosso senso de urgência na pregação da Palavra, *repreendendo e corrigindo, advertindo, incentivando e encorajando as pessoas,* a fim de convencê-las de que a vida delas está errada, para que elas continuem se aproximando ainda mais da verdade.

No versículo 5, Paulo nos diz qual deve ser a nossa reação a todos os problemas do mundo, a todos os problemas em nossas vidas, às pessoas que são difíceis de lidar ou de suportar:

> Você, porém, seja calmo, firme e sóbrio em tudo, aceite e suporte com firmeza os sofrimentos, faça a obra de um evangelista, cumpra plenamente todos os deveres do seu ministério.
>
> 2 Timóteo 4:5, AMP

Este é um versículo bíblico glorioso! *Quanto a você, seja calmo, firme e sóbrio.*

Nossa reação aos problemas deve ser esta: "Devo ser calmo, firme e sóbrio"!

Quando os problemas começam na vida de alguém, a primeira coisa que essa pessoa costuma fazer é correr de um lado para o outro, dizendo em agonia: "O que vou fazer, o que vou fazer, o que vou fazer?" Ela reage imediatamente na carne em vez de buscar o Senhor para ter direção.

Chamo isso de "espírito selvagem"! Pessoas com este espírito começam a fazer várias coisas ao mesmo tempo, reagindo emocionalmente em vez de permanecerem calmas, firmes e sóbrias, agindo de acordo com a direção do Espírito Santo. Elas começam a repreender demônios e depois dizem: "Já sei o que vou fazer — vou jejuar por duas semanas. Vou chamar dez pessoas aqui da igreja, e vamos orar e derrubar essas fortalezas."

Às vezes Deus nos leva a tomar essas atitudes, mas precisamos ter certeza de que estamos agindo em obediência à direção do Senhor e não apenas reagindo por emoção. Precisamos nos lembrar de que as obras que não são movidas por Deus são "obras mortas" e não geram nenhum resultado positivo.

A GUERRA DO DESCANSO

> Por isso, vistam toda a armadura de Deus, para que possam resistir no dia mau e permanecer inabaláveis, depois de terem feito tudo.
>
> Efésios 6:13

Devemos tomar posição, depois de ter feito tudo que está em nosso poder e o que Deus nos direcionou a fazer. Quando nos deparamos com desafios, há coisas que se espera que façamos.

Mas precisamos entender que o que fazemos para superar uma crise pode não ser o que devemos fazer para lidar com a próxima crise. O motivo pelo qual talvez não haja êxito da segunda vez é porque a solução para os problemas não está no procedimento, mas no poder que Deus nos dá para realizarmos o que *Ele* nos dirige a fazer.

Deus usa diferentes métodos para diferentes pessoas e em diferentes situações. Uma vez Jesus curou um homem cego cuspindo nos olhos dele e depois impondo as mãos sobre ele, duas vezes (Marcos 8:22-25). Outra vez Ele curou um homem cego de nascença cuspindo no chão e fazendo lama, que esfregou nos olhos do homem, e em seguida o mandou se lavar no Tanque de Siloé (João 9:1-7). Em outra ocasião Ele curou um homem cego simplesmente dizendo uma palavra (Marcos 10:46-52).

Não eram os métodos usados por Jesus que abriam os olhos dos cegos para que eles pudessem ver. O que lhes trazia a cura era o poder de Deus fluindo através de Jesus. Os diferentes métodos eram simplesmente os diferentes meios usados por Jesus para liberar a fé dentro de cada pessoa a quem Ele ministrava.

A chave para liberar o poder de Deus é a fé.

SEM FÉ NÃO HÁ DESCANSO

> Pois as boas-novas foram pregadas também a nós, tanto quanto a eles; mas a mensagem que eles ouviram de nada lhes valeu, pois não foi acompanhada de fé por aqueles que a ouviram. Pois nós, os que cremos, é que entramos naquele descanso, conforme Deus disse: "Assim jurei na minha ira:

> Jamais entrarão no meu descanso" — embora as suas obras estivessem concluídas desde a criação do mundo.
>
> Hebreus 4:2-3

A fim de liberar nossa fé e ativar o poder de Deus em nosso favor, às vezes precisamos jejuar e orar. Outras vezes precisamos declarar a Palavra de Deus sobre nós mesmos ou sobre a situação que nos aflige. Às vezes precisamos repreender o diabo e ordenar que ele saia em nome de Jesus. Mas tudo que o Senhor nos direcionar a fazer, de nada nos adiantará se não permanecermos no descanso de Deus, pois se não estivermos permanecendo no Seu descanso, não estaremos agindo com uma fé verdadeira.

Hebreus 11:6 nos diz que sem fé é impossível agradar a Deus. Nenhum dos métodos que utilizamos nada significa se não estiver associado à fé.

De acordo com Hebreus 4:2,3, o descanso é um lugar. Acredito que ele seja o lugar secreto mencionado no Salmo 91:1. Esse lugar é a presença do Senhor. Quando estamos nele, não precisamos nos preocupar ou nos angustiar ou sofrer de qualquer ansiedade. Não precisamos tentar entender tudo. Nossa carne pode estar gritando conosco para fazermos alguma coisa, mas podemos permanecer calmos, firmes e sóbrios. Não precisamos ficar agitados. Podemos relaxar e estar seguros sabendo que na presença do Senhor há alegria, paz e descanso.

PRATICANDO A PRESENÇA DE DEUS

> Disse Moisés ao Senhor: "Tu me ordenaste: 'Conduza este povo', mas não me permites saber quem enviarás comigo. Disseste: 'Eu o conheço pelo nome e de você tenho me agradado'. Se me vês com agrado, revela-me os teus propósitos,

> para que eu te conheça e continue sendo aceito por ti. Lembra-te de que esta nação é o teu povo".
>
> Respondeu o Senhor: "Eu mesmo o acompanharei, e lhe darei descanso".
>
> Êxodo 33:12-14

Quando Moisés reclamou com Deus por Ele não ter lhe dito quem enviaria com ele em sua missão, ele pediu a Deus para lhe mostrar o Seu caminho para que pudesse conhecê-lo melhor. O Senhor então garantiu a Moisés que a Sua presença estaria com ele e lhe daria descanso. Ter essa presença era considerado por Deus como um grande privilégio. Para Deus, isso era tudo de que Moisés precisava.

E o que era verdade para Moisés é verdade para nós também. Por mais que desejemos conhecer os planos de Deus e os caminhos dele para nós, tudo que realmente precisamos saber é que a Sua presença estará conosco em todo lugar e em tudo que Ele nos der para fazer.

Moisés tinha uma tarefa grandiosa em suas mãos, e naturalmente estava preocupado com isso, assim como nós nos preocupamos com o que Deus nos chamou para fazer em nossas vidas. Mas tudo que Moisés precisava era ter o conhecimento e a certeza de que Deus estaria com ele e o ajudaria. Isto é tudo que precisamos saber também.

Com todos os desafios que enfrentamos em nosso ministério enquanto tentamos dar esperança e alegria às pessoas, às vezes somos tentados a ficar angustiados e aflitos. Mas o Senhor nos ensinou a permanecermos calmos, firmes e sóbrios. Ele nos mostrou que precisamos ser flexíveis e manter os nossos olhos nele, e não nos nossos planos. Se as coisas não funcionam como queremos, precisamos relaxar e confiar nele para nos mostrar o que fazer.

Quando algo sai errado com o nosso plano, em geral somos tentados a dizer: "Bem, acabou! Agora o meu plano está arruinado!"

Contudo, se foi Deus quem arruinou o nosso plano, então, para início de conversa, nós tínhamos o plano errado. Por outro lado, se foi o diabo quem arruinou o nosso plano, o Senhor nos dará outro plano e ele será dez vezes melhor do que o plano anterior.

Muitas vezes, quando as coisas não funcionam exatamente conforme desejamos, começamos a repreender o diabo. Sim, temos autoridade sobre o diabo. Mas de que nos adianta repreender Satanás e ficar agitados e emocionalmente perturbados? O Salmo 91:1 nos diz que aquele que habita no lugar secreto do Senhor permanecerá estável e firme debaixo da sombra do Onipotente, a cujo poder nenhum inimigo pode resistir.

Muitas vezes, em meio aos nossos problemas, falamos com a pessoa errada. Em vez de ficarmos angustiados repreendendo o diabo todas as vezes que algo dá errado, precisamos aprender a nos voltarmos para o Senhor e dizer: "Pai, Tu és o meu Refúgio e a minha Fortaleza, o meu Deus; em Ti confio e me apoio, e em Ti ponho a minha confiança."

AS PROMESSAS DEPENDEM DA PRESENÇA

> Pois ele te livrará do laço do passarinheiro e da peste perniciosa. Cobrir-te-á com as suas penas, e, sob suas asas, estarás seguro; a sua verdade é pavês e escudo. Não te assustarás do terror noturno, nem da seta que voa de dia, nem da peste que se propaga nas trevas, nem da mortandade que assola ao meio-dia. Porque aos seus anjos dará ordens a teu respeito, para que te guardem em todos os teus caminhos.
>
> Salmos 91:3-6, 11, ARA

Os versículos 1 e 2 falam da pessoa que habita no esconderijo do Altíssimo. Eles afirmam que para essa pessoa o Senhor é o seu Refúgio e Fortaleza, e que ela se apoia, depende e confia nele.

Então o restante do Salmo (versículos 3 a 16) continua relacionando todas as promessas da provisão e da proteção de Deus. Relacionei apenas algumas delas aqui. Abordaremos o restante dessas bênçãos com mais atenção no Capítulo 6 deste livro.

Na versão *Amplified Bible* da Bíblia em língua inglesa, há uma nota de rodapé no fim da página na qual o Salmo 91 aparece, que diz: "As ricas promessas de todo este capítulo dependem de a pessoa atender exatamente às condições destes dois primeiros versículos (ver Êxodo 15:26)." Quais são as condições destes dois primeiros versículos? Basicamente, que permaneçamos no descanso.

Você e eu precisamos ser libertos do "espírito de ansiedade" que tantas vezes faz com que percamos o autocontrole e acabemos dizendo e fazendo coisas que geram dor e problemas para nós assim como para os outros. Precisamos nos lembrar de que as promessas do Senhor dependem da presença dele, que é sempre acompanhada pela paz do Senhor.

PRATICANDO A PAZ DO SENHOR

> Deixo-lhes a paz; a minha paz lhes dou. Não a dou como o mundo a dá. Não se perturbem os seus corações, nem tenham medo [Parem de se permitir ficar agitados e perturbados; e não se deixem ficar amedrontados, intimidados, acovardados e inquietos].
>
> João 14:27, AMP

Imediatamente antes de ir para a cruz, Jesus disse aos Seus discípulos que estava lhes deixando um presente — a Sua paz. Depois da Sua ressurreição, Ele apareceu a eles novamente, e a primeira coisa que lhes disse foi: "Paz seja convosco!" (João 20:19). Para provar a eles quem Ele era, Jesus lhes mostrou Suas mãos e Seu lado, e depois lhes disse mais uma vez: "Paz seja convosco!" (v. 21). Oito dias depois, Ele apareceu a eles novamente, e mais uma vez Suas primeiras palavras dirigidas a eles foram: *"Paz seja convosco!"* (v. 26).

Obviamente Jesus pretende que os Seus seguidores vivam em paz apesar do que possa estar acontecendo ao seu redor no momento. O que Ele estava dizendo aos Seus discípulos — e a nós — é simplesmente: "Parem de se permitir ficarem ansiosos, preocupados e angustiados."

No Salmo 42:5, o salmista pergunta: "Por que você está assim tão triste, ó minha alma? Por que está assim tão perturbada dentro de mim? Ponha a sua esperança em Deus! Pois ainda o louvarei; ele é o meu Salvador e o meu Deus." O versículo 11 deste Salmo diz basicamente o mesmo: "Por que você está assim tão triste, ó minha alma? Por que está assim tão perturbada dentro de mim? Ponha a sua esperança em Deus! Pois ainda o louvarei; ele é o meu Salvador e o meu Deus."

Quando começamos a ficar desencorajados e inquietos interiormente, precisamos esperar em Deus e aguardar com expectativa nele, que é o nosso Auxiliador e o nosso Deus.

Quando começamos a perder a nossa paz, precisamos nos lembrar do nosso *lugar*.

O NOSSO LUGAR

> Todavia, Deus, que é rico em misericórdia, pelo grande amor com que nos amou, deu-nos vida com Cristo, quando ainda estávamos mortos em transgressões — pela graça vocês são salvos. Deus nos ressuscitou com Cristo e com ele nos fez assentar nos lugares celestiais em Cristo Jesus.
>
> Efésios 2:4-6

Onde é o nosso lugar? Em Cristo, que, de acordo com Efésios 1:20, está sentado à direita de Deus Pai nos lugares celestiais.

O fato de Jesus estar sentado é um aspecto-chave. Se você e eu estamos nele, e Ele está sentado, então também devemos estar sentados.

Em muitas referências bíblicas feitas a Jesus após a Sua ascensão, Ele é retratado como estando sentado (Efésios 1:20; 2:6; Colossenses 3:1; Hebreus 1:3, 13; 8:1; 10:12; 12:2; 1 Pedro 3:22; Apocalipse 4:2).

Vamos analisar alguns desses exemplos, pois eles nos revelam o lugar de Jesus, determinando assim o nosso lugar, uma vez que estamos nele.

O LUGAR DE JESUS

> O Filho é o resplendor da glória de Deus e a expressão exata do seu ser, sustentando todas as coisas por sua palavra poderosa. Depois de ter realizado a purificação dos pecados, ele se assentou à direita da Majestade nas alturas.
>
> A qual dos anjos Deus alguma vez disse: "Senta-te à minha direita, até que eu faça dos teus inimigos um estrado para os teus pés"?
>
> Hebreus 1:3,13

Na passagem bíblica anterior vemos não apenas a natureza de Jesus como a Palavra de Deus e o papel de Jesus como Aquele que sustenta todas as coisas, o Redentor do Universo, como também vemos o lugar de Jesus — à direita de Deus nas alturas.

Embora eu nunca tenha encontrado dificuldade para acreditar que Jesus estava sentado à direita do Pai no céu, para mim foi uma revelação quando aprendi que foi Deus quem fez do diabo um estrado. Eu sempre pensei que era minha função colocar Satanás no seu lugar.

O LUGAR DE SATANÁS

> O diabo, que as enganava, foi lançado no lago de fogo que arde com enxofre, onde já haviam sido lançados a besta e o falso profeta. Eles serão atormentados dia e noite, para todo o sempre.
>
> Apocalipse 20:10

Entendo que declarando a Palavra de Deus com fé podemos verbalizar nossa autoridade sobre o diabo. Jesus nos deu autoridade sobre Satanás, e às vezes precisamos expressá-la. Há momentos em que precisamos "colocar o diabo no seu lugar" dizendo: "Não, não vou dar ouvidos a você, porque você é um mentiroso!" Mas ao mesmo tempo, precisamos reconhecer que não somos aqueles que exercem o poder e a autoridade definitivos sobre o inimigo.

Ajudou-me muito entender que quando Jesus subiu ao céu, Ele foi saudado ali por Seu Pai que lhe disse: "Bem-vindo, Meu Filho. Muito bem, Sua obra está consumada. Sente-se aqui à direita do Meu trono até que Eu coloque os Seus inimigos como estrado para os Seus pés."

Quem são os pés de Cristo? Nós. Nós somos o Corpo de Cristo, que inclui os Seus pés. Isto significa que embora Jesus tenha nos dado poder e autoridade sobre o diabo e seus demônios nesta terra, no final é o próprio Deus quem vai retirar definitivamente de Satanás cada milímetro do seu poder e mandá-lo para o seu destino final de punição eterna.

SENTADOS COM CRISTO

> Mas quando este sacerdote acabou de oferecer, para sempre, um único sacrifício pelos pecados, assentou-se à direita de Deus.

> Daí em diante, ele está esperando até que os seus inimigos sejam colocados como estrado dos seus pés.
>
> Hebreus 10:12-13

Por que é tão importante que Cristo esteja sentado nos lugares celestiais e nós estejamos sentados com Ele esperando que os Seus inimigos sejam colocados debaixo dos Seus pés pelo Pai?

Essa questão não tem tanta relação conosco quanto tinha com os antigos judeus. Sob a velha aliança, o sumo sacerdote judeu deveria entrar no Santo dos Santos aqui na terra uma vez por ano, a fim de fazer expiação pelos seus próprios pecados e pelos pecados do povo, o que ele fazia aspergindo o sangue de animais sobre o altar.

Dentro do Santo dos Santos terreno não havia cadeiras, pois sob a aliança das obras o povo não tinha permissão para se sentar e descansar. O descanso sabático só seria instituído depois de Jesus entrar no verdadeiro Santo dos Santos e aspergir o Seu próprio sangue sobre o altar celestial: "Pois Cristo não entrou em santuário feito por homens, uma simples representação do verdadeiro; ele entrou no próprio céu, para agora se apresentar diante de Deus em nosso favor" (Hebreus 9:24).

Durante todo o tempo em que o sumo sacerdote judeu estava no Santo dos Santos terreno, ele precisava estar ministrando ao Senhor. Deus havia ordenado que campainhas fossem colocadas nas orlas das suas vestes: "Arão o vestirá quando ministrar. O som dos sinos será ouvido quando ele entrar no Lugar Santo diante do Senhor e quando sair, para que não morra" (Êxodo 28:35).

Sob a velha aliança, a aliança das obras, o sumo sacerdote era obrigado a continuar se movendo enquanto estava no Santo dos Santos; ele não tinha permissão para se sentar e nem descansar. Mas quando Jesus consumou a obra da salvação, através do Seu sangue derramado, quando Ele entrou no céu, o Seu Pai não lhe disse: "Levante-se, Filho, e continue se mexendo." Em vez disso, Ele lhe disse: "Muito bem. A Sua obra está consumada. Sente-se aqui à Minha direita até que Eu faça dos Seus inimigos o Seu estrado."

Esta é a mesma mensagem que Deus está dando a você e a mim hoje. Ele quer que saibamos que estamos sentados à Sua direita com o Seu Filho Jesus Cristo. Esta é uma parte da nossa herança como santos do Senhor. Agora, em vez de ficarmos correndo para um lado e para o outro tentando agradar a Deus, conquistando o Seu favor através das obras da carne, podemos entrar na sala do Seu trono e encontrar descanso para as nossas almas.

DESCANSO PARA AS NOSSAS ALMAS

> Venham a mim, todos os que estão cansados e sobrecarregados, e eu lhes darei descanso. Tomem sobre vocês o meu jugo e aprendam de mim, pois sou manso e humilde de coração, e vocês encontrarão descanso para as suas almas.
>
> Mateus 11:28-29

Assim como podemos estar envolvidos em atividades externas, podemos estar envolvidos em atividades internas. Deus quer que não apenas entremos no Seu descanso no que diz respeito ao nosso corpo, mas também à nossa alma.

Para mim, encontrar descanso, alívio, tranquilidade, refrigério, recreação e silêncio abençoado para a minha alma significa estar livre das atividades mentais. Significa não precisar tentar descobrir constantemente o que eu devo fazer acerca de tudo em minha vida. Significa não precisar viver no tormento da racionalização, sempre tentando achar uma resposta que não tenho. Não preciso me preocupar; em vez disso, posso permanecer em um lugar de paz e de tranquilo descanso.

Quando algo dá errado, em vez de ficar completamente irritada e repreender o diabo, posso falar à minha alma furiosa e à minha mente atormentada assim como Jesus falou ao vento e às ondas, dizendo simplesmente: "Aquiete-se! Acalme-se" (Marcos 4:39). O Senhor me ensinou que nos tempos difíceis sou capaz de "dominar a minha alma". Agindo assim, estamos exercendo nossa autoridade sobre Satanás.

DOMINE A SUA ALMA

É na vossa perseverança que ganhareis a vossa alma.

Lucas 21:19, ARA

A versão deste versículo na Bíblia *King James* em língua inglesa diz: "Na vossa paciência dominai as vossas almas." Isto é algo que todos nós definitivamente precisamos aprender a fazer.

Sou o tipo de pessoa que gosta de estar no controle. Não gosto quando as coisas ficam fora de controle e começam a ir por um caminho que eu não desejo. Uma de minhas filhas também é assim. Ela e eu temos o mesmo tipo de personalidade. Gostamos de planejar o nosso trabalho e de trabalhar de acordo com o nosso plano. Quando começam a acontecer coisas fora do nosso controle, começamos a ficar irritadas e às vezes até amedrontadas.

Todos nós precisamos aprender a não deixar que nossa mente e nossas emoções nos vençam, principalmente quando isso envolve circunstâncias sobre as quais não temos controle. Por exemplo, suponha que estamos a caminho de uma entrevista importante e ficamos presos em um engarrafamento de trânsito. Como reagimos? Vale a pena ficar irritado e dar vazão a um espírito de fúria? Não seria muito melhor para nós e para todos se simplesmente permanecêssemos calmos, firmes e sóbrios, ainda que estivéssemos atrasados para a entrevista? Se fizermos o nosso melhor, Deus fará o restante.

Certa vez, uma senhora foi a uma de nossas reuniões na Louisiana. Ela nos contou que havia acabado de saber que seu marido estava ferido e internado em um hospital no Arkansas. Entretanto, ali estava ela, sentada lá atrás na igreja, cheia da paz do Senhor. Mas por que não? De nada lhe adiantaria se preocupar e se angustiar, chorar e gemer: "Ah, por que isto aconteceu? Aqui estou eu me esforçando para ser uma boa cristã, e enquanto estou na igreja uma árvore cai sobre meu marido e o resultado é um desastre em nossas vidas. Simplesmente não entendo por que essas coisas acontecem conosco, crentes."

Um dia, uma senhora estava sentada em um barco lendo e citando o Salmo 91:11 que promete que os anjos do Senhor nos guardarão, defenderão e protegerão em todos os nossos caminhos. Naquele exato instante algo aconteceu com a cadeira onde ela estava sentada, e ela caiu e bateu com a cabeça na lateral do barco. Doeu tanto que a alma dela não se conteve, e ela começou a reclamar com Deus: "Não entendo como isso pode ter acontecido. Aqui estava eu lendo e citando o Salmo 91:11 sobre como Tu envias os Teus anjos para cuidar de mim e me proteger e veja o que aconteceu! Onde Tu estavas, Senhor?"

Imediatamente Deus falou com ela e disse: "Bem, você não está morta, está?" Costumamos ficar tão angustiados com o que acontece que deixamos de perceber o livramento de Deus.

Amamos confessar a Palavra de Deus dizendo: "Os passos de um homem bom são confirmados pelo SENHOR" (Salmos 37:23, ACF) — até que Ele nos leve para algum lugar onde não queremos ir. Então, de repente, começamos a dizer: "Eu te repreendo, Satanás!" Só não percebemos que Deus pode estar nos levando exatamente para o meio daquele congestionamento para impedir que soframos um terrível acidente mais adiante na estrada.

Precisamos nos recusar a ficar irados. Precisamos nos recusar a permitir que nossa mente, nossa vontade e nossas emoções governem o nosso espírito. Precisamos aprender a dominar a nossa alma com paciência e a não dar ao diabo uma brecha nem uma oportunidade por meio da qual ele possa fazer um estrago em nossas vidas.

NÃO DÊ LUGAR AO DIABO

> Quando vocês ficarem irados, não pequem. Apaziguem a sua ira antes que o sol se ponha, e não deem lugar ao Diabo.
>
> Efésios 4:26-27

Às vezes, quando meu marido quer que eu faça algo que não quero fazer, a minha alma se agita e isso causa um conflito.

Dave e eu temos uma velha diferença de opiniões sobre o horário de chegada ao aeroporto. Ele gosta de chegar lá pelo menos uma hora antes da hora do voo e prefere esperar calmamente. Como detesto esperar, prefiro chegar lá vinte minutos antes do horário do voo — e talvez acabar tendo de correr atrás dele pela pista gritando: "Parem esse avião!" Mas este é apenas um aspecto das nossas personalidades completamente diferentes.

Sou uma pessoa cheia de energia, do tipo que fica pendurada no lustre e que está sempre em marcha rápida. Dave, por outro lado, é o Sr. "Lançai Sobre Ele Todas as Vossas Ansiedades". Ele está sempre tranquilo, em paz, quieto e controlado. Nada é problema para ele; é capaz de se adaptar a qualquer situação ou circunstância. (Não é de admirar que ele sempre estivesse em sua melhor forma física enquanto eu costumava ir ao médico por causa de dores nas costas, dores no pescoço, dores de cabeça, dores no estômago e problemas digestivos!).

Todas as vezes que Dave e eu planejávamos uma viagem, o que para nós acontecia geralmente três ou quatro vezes por mês, ele me fazia chegar ao aeroporto tão cedo que eu ficava irritada. Embora eu talvez não demonstrasse isso exteriormente, por dentro eu estava furiosa.

"Isto é tão idiota", eu dizia comigo mesma. "Aqui estou eu, sentada e esperando por uma hora e às vezes por uma hora e meia que um avião decole. Passo a metade da minha vida esperando em aeroportos. Tenho mais o que fazer!"

Eu costumava tentar conversar com Dave e argumentar com ele. Eu implorava. Ficava furiosa com ele. Eu discutia. Mas independentemente do que eu dissesse, ele continuava impassível.

"Vamos chegar ao aeroporto com uma hora de antecedência", dizia ele. "Não vamos perder o nosso voo. Não vamos passar a vida correndo atrás dos aviões ou chegando atrasados ao nosso destino. Isto não é inteligente."

Seria muito mais fácil se eu dissesse simplesmente: "Tudo bem, vou levar um bom livro e ler enquanto esperamos" ou "levarei um travesseiro comigo e vou tirar um cochilo". Mas em vez disso, eu ficava fervilhando e bufando e isso me deixava doente —— tudo porque eu não havia aprendido a governar a minha alma em vez de deixar que ela me governasse.

Dave e eu costumávamos discordar sobre as questões mais tolas. Voltávamos para casa à noite e brigávamos sobre o que íamos assistir na televisão. Quando passava um filme antigo do qual gostávamos, começávamos a discutir sobre quem eram os atores.

Dave tinha uma ideia engraçada de que o ator de todos os filmes era Henry Fonda. Ainda que fosse John Wayne, Dave dizia que era Henry Fonda. Eu não suportava isso. Ficava muito furiosa com isso e dizia:

— Dave, você está enganado, este não é Henry Fonda.

— Ah, é ele sim — ele respondia.

— Não é não.

— É sim!

— Não, NÃO É!

Ficávamos até meia-noite esperando os créditos dos filmes para que eu pudesse lhe *provar* que eu estava certa.

Um dia, a voz do Senhor falou comigo e disse: "Joyce, não faz diferença alguma para a salvação eterna de ninguém o fato de Dave passar a vida inteira e no final voltar para casa para Mim achando que todos os atores que vê são Henry Fonda." Então precisei aprender a ficar calada e deixar Dave pensar que estava certo, mesmo quando eu realmente acreditava que não estava.

Outra discussão que costumávamos ter era sobre o local de uma determinada loja de equipamentos. Na verdade, havia duas lojas chamadas Central Hardware na nossa cidade. Para chegar a uma delas, tínhamos de virar à direita quando saíamos da nossa quadra, e para chegar à outra tínhamos de virar à esquerda. Eu achava que uma das lojas ficava mais perto de nossa casa, e Dave achava que a outra ficava mais perto. Quando saíamos para comprar algum equipamento, eu lhe dizia para virar para um lado, e ele invariavelmente virava para o outro.

— Você está indo para o lado errado — eu dizia.

— Não, não estou.

— Sim, está!

— Não, não estou.

— SIM, ESTÁ!

Um espírito de fúria tomava conta de mim todas as vezes que isso acontecia. Minha alma se debatia dentro de mim e o resultado era o conflito. Eu precisava dizer a ela: "Alma, acalme-se, e volte ao seu lugar", mas em vez disso, eu começava uma briga. Até que, um dia, Dave e eu estávamos saindo do nosso quarteirão de carro e indo para a loja de equipamentos quando o Espírito Santo falou comigo: "Joyce, deixe o homem ir pelo caminho que ele quiser." Manter minha boca fechada e deixá-lo seguir por onde eu achava ser o "caminho errado" foi uma das coisas mais difíceis que já fiz.

Em outra ocasião, enquanto estávamos ministrando na Louisiana, algumas pessoas nos mandaram para um restaurante que não gostávamos muito, pois servia comida típica acadiana (ou Cajun)[1], que não estávamos acostumados a comer. Eu havia encontrado outro restaurante que achei seria melhor para nós, mas ficava um pouco mais distante, e Dave não queria dirigir até tão longe. Então, ele sugeriu um terceiro restaurante. Eu estava convencida de que não gostaria nada dele, mas como ficou óbvio o fato de que Dave queria ir lá, cedi. Durante todo o caminho até o restaurante, precisei fazer minha alma sossegar e pedir ao Senhor para me ajudar a mantê-la sob controle, pois eu não estava nada entusiasmada com o lugar para onde estávamos indo. Mais tarde, acabei admitindo que aquela foi uma das melhores refeições que fizemos em muito tempo.

Assim é a vida cristã. Muitas vezes, aquilo que pensamos que não queremos é o melhor para nós. É por isso que precisamos aprender a "seguir o fluxo" e não causar tantos problemas por coisas que realmente não importam. Afinal, que diferença faz realmente o lugar onde vamos comer?

Muitas vezes fazemos uma tempestade em um copo d'água. Exageramos. Transformamos em um grande problema situações sem importância que não têm nenhum valor. Precisamos aprender a nos adaptar, a deixarmos certas coisas para lá, não permitindo que a nossa alma governe nossas vidas. Precisamos aprender a andar segundo o Espírito e não segundo a carne.

Quando ficamos irritados por coisas sem importância, escancaramos a porta para o diabo. Damos a ele a oportunidade de entrar e gerar o caos em nossas vidas. Em geral isso não é realmente culpa do diabo, mas nossa.

---

[1] N.T: a culinária acadiana recebe este nome em homenagem aos imigrantes acadianos ou "Cajun" deportados pelos Ingleses da região da Acádia no Canadá para a região acadiana da Louisiana, nos Estados Unidos. É o que se pode chamar de cozinha rústica, com a predominância de ingredientes locais e de simples preparo. Fonte: Wikipédia.

É impressionante o número de situações das quais o Senhor nos livraria, soberana e sobrenaturalmente, se optássemos por honrá-lo permanecendo em paz. Precisamos aprender a controlar as nossas emoções e a não deixar que elas nos controlem. Isto não significa que não devemos ter sentimentos. Significa apenas que precisamos administrar nossos sentimentos e não permitir que eles nos controlem. Em meio à nossa ira e irritação, devemos dominar nossa alma.

Devemos mantê-la no seu lugar e não dar lugar ao diabo. Em tempos de provação, devemos ser constantes e destemidos.

CONSTANTES E DESTEMIDOS

> Sem de forma alguma deixar-se assustar ou intimidar em nada por aqueles que se opõem a vocês, pois tal constância e destemor será um sinal claro para eles da sua iminente destruição, mas para vocês uma prova e evidência segura da sua libertação e salvação, e isso da parte de Deus.
>
> Filipenses 1:28, AMP

De acordo com este versículo, o sinal claro, a prova, o símbolo e a evidência para os nossos inimigos da derrota e destruição deles, e da nossa libertação e salvação, é a nossa constância e destemor.

Qual é o sinal para o diabo de que ele não pode nos controlar? Não é a nossa grandiosa confissão do nosso poder e autoridade sobre ele, mas a nossa constância e destemor diante do seu ataque.

Por que então a nossa libertação às vezes parece demorar tanto? Em geral é porque Deus está esperando para ver se realmente confiamos nele ou não. Se confiamos, permanecemos assentados, *plenamente satisfeitos e certos de que Deus é poderoso para cumprir a Sua Palavra e para fazer o que prometeu* (ver Romanos

4:21). Diremos a Ele: "Se existe algo que Tu queres que eu faça, Pai, dize-me, e eu o farei. A batalha é Tua, Senhor, e não minha. Os meus olhos estão em Ti. Em ti espero, e em Ti confio."

O diabo não quer que achemos ser possível relaxar, descansar e desfrutar a vida enquanto estamos tendo problemas. Ele quer que pensemos que precisamos estar de pé, correndo de um lado para o outro fazendo alguma coisa, como os sacerdotes do Antigo Testamento no Santo dos Santos. Ele sussurrará em nossos ouvidos: "Essa é uma situação terrível. O que você vai fazer?" Em tempos de adversidade, todos que encontramos parecem querer saber o que vamos fazer.

A nossa resposta deve ser: "Vou permanecer firmado em Cristo, desfrutando o descanso do Senhor enquanto Ele trata desta situação e a usa para me abençoar."

CALMA NO DIA DA ADVERSIDADE

> Como é feliz o homem a quem disciplinas, Senhor, aquele a quem ensinas a tua lei; tranqüilo, enfrentará os dias maus, enquanto que, para os ímpios, uma cova se abrirá.
>
> Salmos 94:12, 13

Deus usa os acontecimentos e as pessoas que nos cercam para construir o nosso caráter espiritual assim como o nosso poder espiritual.

Achamos que Deus quer simplesmente nos revestir de poder para vencermos todos os problemas da vida repreendendo o diabo. Mas o Senhor tem um objetivo e um propósito muito maior em mente. Ele está trabalhando para nos fazer chegar a um ponto no qual independentemente do que esteja acontecendo ao nosso redor, permaneceremos os mesmos, arraigados e firmados em Cristo e no Seu amor, continuando firmes na Rocha da nossa salvação.

Deus está operando em nossas vidas para nos disciplinar, instruir e ensinar a fim de que Ele possa nos dar poder para nos mantermos calmos no dia da adversidade.

Com este poder, podemos esperar pacientemente e confiantemente por nossa libertação e salvação prometidas, e pela iminente destruição de todos os nossos inimigos.

Assentados com Cristo à direita de Deus nos lugares celestiais, confiando não no braço de carne, mas no braço do Senhor, podemos realmente não andar ansiosos por coisa alguma.

●

Parte 2

•

Lance Toda a Sua Ansiedade Sobre Ele

INTRODUÇÃO

A BÍBLIA DIZ QUE PODEMOS lançar a nossa ansiedade sobre Deus, porque Ele cuida de nós (1 Pedro 5:7). Isto significa que Deus quer cuidar de nós, mas para Ele fazer isso, existe uma parte que cabe a nós realizar: precisamos parar de cuidar de nós mesmos e começar a lançar esse cuidado sobre Deus.

Na Sua Palavra, o Senhor promete que se lançarmos sobre Ele a nossa ansiedade, Ele nos dará algo em troca.

BÊNÇÃOS EM LUGAR DE CAOS

> O Espírito do Soberano Senhor está sobre mim porque o Senhor ungiu-me para levar boas notícias aos pobres. Enviou-me para cuidar dos que estão com o coração quebrantado, anunciar liberdade aos cativos e libertação das trevas aos prisioneiros, para proclamar o ano da bondade do Senhor e o dia da vingança do nosso Deus; para consolar todos os que andam tristes, e dar a todos os que choram em Sião uma bela coroa em vez de cinzas, o óleo da alegria em vez de pranto, e um manto de louvor em vez de espírito deprimido. Eles serão chamados carvalhos de justiça, plantio do Senhor, para manifestação da sua glória.
>
> Isaías 61:1-3

Nesta passagem, Deus promete nos dar várias coisas positivas em troca das coisas negativas que existem em nossas vidas. Uma das trocas positivas que Ele promete fazer é nos dar "uma bela coroa em vez de cinzas"; em outras palavras, *beleza* em vez de cinzas. Mas Deus não pode nos dar a Sua beleza se não lhe dermos as nossas cinzas.

Um dia, o Senhor falou comigo e disse: "Muitas pessoas querem ficar se revolvendo nas cinzas dos seus fracassos e decepções do passado e, mesmo assim, esperam que Eu lhes dê beleza."

Se quisermos receber as bênçãos que Deus quer nos conceder, precisamos estar dispostos a lhe dar tudo que foi destruído em nossas vidas.

Bênçãos em lugar de caos — que grande troca!

Que troca maravilhosa! Entregamos a Deus toda a nossa preocupação, ansiedade e cuidados, e em troca Ele nos dá a paz e a alegria que vêm de sabermos que Ele está cuidando de tudo isso para nós.

AS QUATRO QUESTÕES DA ANSIEDADE

> O ladrão vem apenas para roubar, matar e destruir; eu vim para que tenham vida, e a tenham plenamente.
>
> João 10:10

Na Parte 1 deste livro aprendemos que não devemos andar ansiosos por coisa alguma, mas devemos deixar de lado o braço da carne para dependermos do braço do Senhor. Enquanto isso, permanecemos calmos — confiante e tranquilamente assentados com Cristo nos lugares celestiais.

Nesta Parte 2 vamos tratar de diversas questões relacionadas à nossa ansiedade. No Capítulo 6, aprenderemos a lançar toda a nossa ansiedade sobre o Senhor, pois Ele cuida de nós. No Capítulo 7, aprenderemos a lançar sobre Ele a nossa ansiedade, mas não a nossa responsabilidade. No Capítulo 8 aprenderemos que por pior que a situação ou circunstância que nos rodeia possa ser, devemos dizer: "Isto também passará." E no Capítulo 9 examinaremos a grande vantagem resultante do fato de desistirmos de nos angustiar.

É a minha oração que através destas páginas você adquira a percepção que precisa para viver ao máximo a vida alegre, abundante e transbordante que Deus deseja e providenciou para nós através de Seu Filho, o nosso Senhor Jesus Cristo.

6. ELE CUIDA DE VOCÊ

O que habita no esconderijo do Altíssimo e descansa à sombra do Onipotente diz ao SENHOR: Meu refúgio e meu baluarte, Deus meu, em quem confio.

Salmos 91:1-2, ARA

EM NOSSO ESTUDO SOBRE LANÇAR a nossa ansiedade sobre o Senhor, porque Ele cuida de nós, examinaremos novamente o Salmo 91, desta vez mais detalhadamente.

Conforme vimos, os versículos de 3 a 16 deste salmo contêm muitas das bênçãos oferecidas a nós pelo Senhor em troca do nosso "caos". Porém, como observamos no Capítulo 5, para receber essas bênçãos, precisamos fazer algo. Precisamos atender às condições dos dois primeiros versículos citados aqui, que é habitarmos no lugar secreto do Altíssimo e permanecermos firmes e estáveis, descansando à sombra do Todo-Poderoso.

Mais especificamente, são três os aspectos do Salmo 91:1,2 que determinam a nossa capacidade de receber as mais ricas bênçãos de Deus. Primeiro, precisamos *habitar*, ou seja, "permanecer... estabelecer-nos... continuar... sentar-nos".[1] A mesma palavra é usada em João 15:4 quando Jesus disse aos Seus discípulos: "Permaneçam em Mim, e Eu permanecerei em vocês. [Vivam em

Mim, e Eu viverei em vocês]. Assim como o galho não pode dar fruto de si mesmo sem permanecer (estar vitalmente unido) na videira, também vocês não podem dar fruto se não permanecerem em Mim" (de acordo com a versão AMP).

Em segundo lugar, precisamos habitar no lugar secreto do Altíssimo, ou seja, em um esconderijo, um lugar de proteção, onde há um tipo de cobertura sobre ele que o mantém seguro contra todos os nossos inimigos.

Em terceiro lugar, precisamos permanecer sob a *sombra* do Todo-Poderoso, o que significa que precisamos fazer do Senhor o nosso Refúgio e a nossa Fortaleza, dependendo e confiando nele.

PORQUE ENTÃO...

> Porque [*então*] Ele te livrará do laço do passarinheiro, e da peste perniciosa. [*Então*] Ele te cobrirá com as suas penas, e debaixo das suas asas te confiarás; a sua verdade será o teu escudo e broquel. Não terás medo do terror de noite nem da seta (os planos malignos e as calúnias dos ímpios) que voa de dia, nem da peste que anda na escuridão, nem da destruição e da morte súbita que surpreendem e assolam ao meio-dia. Mil cairão ao teu lado, e dez mil à tua direita, mas não chegará a ti. Serás apenas um espectador [estando tu mesmo inacessível no lugar secreto do Altíssimo] ao testemunhar a recompensa dos ímpios.
>
> Salmos 91:3-8, AMP

Quando fizermos tudo que nos é requerido nos versículos 1 e 2, *então* o Senhor cumprirá Suas maravilhosas promessas feitas a nós que são estabelecidas no restante do salmo. Ele nos libertará, nos cobrirá, nos protegerá do medo e do terror, e nos protegerá contra os planos malignos e da difamação para não termos medo da peste, da destruição ou da morte súbita, embora outros possam estar caindo ao nosso redor devido a estas mesmas coisas.

PROTEÇÃO E LIVRAMENTO POR INTERMÉDIO DOS ANJOS

> Porque tu, ó SENHOR, és o meu refúgio. No Altíssimo fizeste a tua habitação. Nenhum mal te sucederá, nem praga alguma chegará à tua tenda. Porque aos seus anjos dará ordem a teu respeito, para te guardarem em todos os teus caminhos. Eles te sustentarão em suas mãos, para que não tropeces com o teu pé em pedra. Pisarás o leão e a cobra; calcarás aos pés o filho do leão e a serpente. Porquanto tão encarecidamente me amou, também eu o livrarei; pô-lo-ei em retiro alto, porque conheceu o meu nome. Ele me invocará, e eu lhe responderei; estarei com ele na angústia; dela o retirarei, e o glorificarei. Fartá-lo-ei com longura de dias, e lhe mostrarei a minha salvação.
>
> Salmos 91:9-16, ACF

Essa passagem deixa muito claro que Deus promete proteção e livramento por intermédio dos anjos àqueles que estão servindo-o e andando em obediência a Ele.

Uma referência cruzada ao versículo 13 é Lucas 10:19, no qual Jesus diz aos Seus discípulos: "Eu lhes dei autoridade para pisarem sobre cobras e escorpiões, e sobre todo o poder do inimigo; nada lhes fará dano." Isto descreve o nosso lugar em Deus. Nós, crentes, estamos em uma posição de poder e autoridade sobre Satanás seus demônios e artifícios.

Estamos também em posição de favor e influência junto a Deus. Por causa do nosso conhecimento pessoal dele e da Sua misericórdia, amor e bondade, porque confiamos e dependemos do Senhor, sabendo que Ele jamais nos deixará ou abandonará, recebemos a Sua preciosa promessa de que Ele estaria conosco, iria nos responder, libertar e honrar com vida longa e abundante. O que mais poderíamos pedir?

O fato de termos a proteção dos anjos não significa que deixaremos de ter provações ou aflições. Significa que estaremos protegidos contra os planos de Satanás contra nós desde que mantenhamos nossa confiança em Deus e digamos aquilo que é certo a Seu respeito.

Mas há algo importante que precisamos aprender sobre esta proteção e livramento através dos anjos. Tudo isso é um *processo*. Nos versículos 15 e 16, o Senhor nos promete que quando clamarmos, Ele nos responderá e estará conosco nas nossas tribulações e nos fortalecerá e acompanhará enquanto caminhamos em direção à nossa vitória, libertação e honra.

Levei muitos anos para perceber o padrão que se repetia: Deus estava comigo nas minhas provações e tribulações, depois Ele começou a me libertar delas, e depois me honrou. Isto é um processo, uma progressão, e precisamos estar cientes disso se quisermos encontrar paz e alegria no Senhor.

UMA COISA

> Uma coisa pedi ao Senhor; é o que procuro: que eu possa viver na casa do Senhor todos os dias da minha vida, para contemplar a bondade do Senhor e buscar sua orientação no seu templo. Pois no dia da adversidade ele me guardará protegido em sua habitação; no seu tabernáculo me esconderá e me porá em segurança sobre um rochedo.
>
> Então triunfarei sobre os inimigos que me cercam. Em seu tabernáculo oferecerei sacrifícios com aclamações; cantarei e louvarei ao Senhor.
>
> Salmos 27:4-6

A certa altura da minha vida, eu estava pedindo ao Senhor muito mais do que apenas uma coisa. Depois, mais tarde, o Senhor começou a transformar a minha vida. Quando Ele fez isso, essa foi a passagem das Escrituras que Ele usou para dar início ao processo.

Agora, quando as coisas começam a dar errado em minha vida, em vez de ficar ansiosa e irritada, chorando e me lamentando, vou para o lugar secreto do Senhor e canto louvores de alegria enquanto o diabo está tentando me destruir. Encontro refúgio e permaneço estável e firme à sombra do Todo-Poderoso. Se eu adoro e busco a Deus, Ele luta as minhas batalhas.

À SOMBRA

> Ó Deus, tu és o meu Deus forte; eu te busco ansiosamente; a minha alma tem sede de ti; meu corpo te almeja, como terra árida, exausta, sem água. Assim, eu te contemplo no santuário, para ver a tua força e a tua glória. Porque a tua graça é melhor do que a vida; os meus lábios te louvam.
>
> Assim, cumpre-me bendizer-te enquanto eu viver; em teu nome, levanto as mãos. Como de banha e de gordura farta-se a minha alma; e, com júbilo nos lábios, a minha boca te louva, no meu leito, quando de ti me recordo e em ti medito, durante a vigília da noite.
>
> Porque tu me tens sido auxílio; à sombra das tuas asas, eu canto jubiloso.
>
> Salmos 63:1-7, ARA

Meu marido Dave recebeu uma revelação de Deus sobre o que significa habitar à sombra das Suas asas. Uma sombra é uma proteção contra o calor ou contra o sol. É também um limite entre a luz e as trevas. Estamos à sombra de alguma coisa ou não estamos.

Do mesmo modo, existem fronteiras ou limites definidos dentro dos quais precisamos nos manter se quisermos permanecer à sombra das asas de Deus — isto é, debaixo da Sua proteção contra o mundo ou o diabo.

Quando estamos ao ar livre no verão, podemos escolher ficar à sombra de uma árvore, ou podemos optar por nos colocarmos diretamente sob a luz do sol. Um local de sombra sempre será muito mais fresco, onde há muito mais proteção contra os raios nocivos do sol do que o outro.

Com o Senhor acontece o mesmo. Enquanto escolhermos permanecer à sombra das Suas asas, ficaremos muito mais confortáveis e protegidos contra o perigo do que quando optamos por sair de debaixo dessas asas.

Um limite é uma área intermediária ou fronteira entre duas qualidades ou condições. Podemos escolher viver sob um conjunto de condições ou sob o outro conjunto de condições diferentes. O mais sábio a fazer não é apenas escolher ficar à sombra do Onipotente, mas fixar residência permanente ali.

Quando dirigimos pela estrada, enquanto ficamos dentro das linhas divisórias entre as faixas e obedecemos à sinalização ao longo da estrada, corremos muito menos risco de nos envolvermos em um acidente do que se ignorarmos esses limites e instruções. Essas linhas e sinalizações foram colocadas ali para o nosso benefício e proteção.

Na esfera espiritual, as "linhas e sinalizações" que nos mantêm no caminho do Senhor e fora de perigo são relacionadas à confiança e segurança. Enquanto colocarmos a nossa confiança no Senhor, Ele nos manterá à sombra das Suas asas e nos protegerá de todo perigo e dano.

A ORAÇÃO GERA PAZ

> Não andem ansiosos por coisa alguma, mas em tudo, pela oração e súplicas, e com ação de graças, apresentem seus pedidos a Deus.

> E a paz de Deus, que excede todo o entendimento, guardará o coração e a mente de vocês em Cristo Jesus.
>
> Filipenses 4:6-7

Nesta passagem, o apóstolo Paulo não diz: "Orem e se preocupem." Na verdade, ele diz: "Orem e não se preocupem." Por que devemos orar e não nos preocupar? Porque a oração deve ser a maneira de *lançarmos a nossa ansiedade* sobre o Senhor.

Quando o diabo tenta nos trazer ansiedade, devemos entregar essa ansiedade a Deus. É isso que a oração é, o nosso reconhecimento diante do Senhor de que não podemos carregar nosso fardo de ansiedade, então o depositamos inteiramente sobre Ele. Se oramos por algo e depois continuamos a nos preocupar com isso, estamos tentando aliar o positivo ao negativo. Entretanto, um cancela o outro, então acabamos voltando ao ponto de partida — à estaca zero.

A oração é uma força positiva, enquanto a preocupação é uma força negativa. O Senhor me disse o motivo pelo qual muitos vivem em um nível de espiritualidade cujo poder é igual a zero. Isso acontece porque eles cancelam a sua oração positiva cedendo ao poder negativo da preocupação.

Frequentemente oramos e fazemos uma confissão positiva por um tempo, e depois nos preocupamos e fazemos uma confissão negativa. Ficamos indo para frente e para trás, oscilando entre dois extremos. É como dirigir por uma rodovia indo e voltando, de um lado para o outro da estrada. Se continuarmos agindo assim, mais cedo ou mais tarde acabaremos tendo problemas.

Enquanto nos preocupamos, não estamos confiando em Deus. É apenas confiando, tendo fé e confiança no Senhor que podemos entrar no Seu descanso e desfrutar a paz que excede todo entendimento.

A ORAÇÃO GERA DESCANSO

> Pois nós, os que cremos, é que entramos naquele descanso.
>
> Hebreus 4:3

Se não estamos descansando, não estamos crendo, porque o fruto da fé é o descanso.

Durante muitos anos da minha vida, eu dizia: "Ah, eu creio em Deus; estou confiando no Senhor." Mas não estava fazendo nada disso. Eu não sabia qual era a primeira coisa para se crer em Deus ou confiar no Senhor. Tudo que eu fazia era me angustiar falando palavras negativas e tentando resolver tudo sozinha. Eu ficava ansiosa e apavorada, vivia irritada e no limite o tempo todo. Mesmo assim eu dizia que estava crendo e confiando.

Se estamos realmente crendo em Deus e confiando no Senhor, entramos no Seu descanso. Oramos e lançamos a nossa ansiedade sobre Ele e então estamos permanecendo na perfeita paz da Sua santa presença.

A ORAÇÃO GERA PACIÊNCIA E ESPERANÇA

> Por meio de quem obtivemos acesso pela fé a esta graça na qual agora estamos firmes; e nos gloriamos na esperança da glória de Deus.
>
> Não só isso, mas também nos gloriamos nas tribulações, porque sabemos que a tribulação produz perseverança; a perseverança, um caráter aprovado; e o caráter aprovado, esperança.
>
> Romanos 5:2-4

É fácil dizer "Não se preocupe". Mas fazer isso de verdade requer experiência com Deus. Não creio que exista uma maneira de alguém deixar totalmente de lado o hábito da preocupação, da ansiedade e do medo e desenvolver o hábito da paz, do descanso e da esperança sem anos de experiência.

É por isso que é tão importante continuar a ter fé e a confiar em Deus em meio às provações e tribulações. É tão importante resistir à tentação de desistir quando as coisas ficam feias — e continuam ficando mais feias por muito tempo. É nesses momentos difíceis de provação que o Senhor está construindo em nós a paciência, a resistência e o caráter que com o tempo produzirão o hábito de termos sempre uma esperança alegre e confiante.

Quando você e eu estamos no meio da batalha contra o nosso inimigo espiritual, cada ciclo que atravessamos gera uma nova força em nós e uma experiência valiosa. Toda vez que suportamos um ataque, nos tornamos mais fortes. Se permanecermos assim e nos recusarmos a desistir, mais cedo ou mais tarde nos tornaremos mais fortes do que o inimigo pode suportar. Quando isso acontecer, teremos atingido a maturidade espiritual.

Durante anos o diabo me controlou e manipulou. Hoje ele não faz mais isso. É porque tive anos de experiência. Aprendi a parar de correr para as pessoas e começar a me voltar para Deus. Aprendi a orar e a lançar a minha ansiedade sobre Ele — em segredo. O Senhor me revelou que precisamos aprender a suportar o nosso sofrimento em particular.

Há um tempo para compartilhar o que estamos passando, e há um tempo para manter as coisas entre nós e Deus. Em geral falamos tanto sobre "o que estamos passando" que a obra almejada nunca é realizada. Deus usa aquilo que Satanás planeja para o nosso mal e faz com que isso coopere para o nosso bem. A circunstância pode ser má, mas servimos a um Deus que é tão bom a ponto de pegar algo ruim e realmente operar o bem em nós através disso.

SOFRER EM SILÊNCIO

> Ele foi oprimido e afligido; e, contudo não abriu a sua boca; como um cordeiro foi levado para o matadouro, e como uma ovelha que diante de seus tosquiadores fica calada, ele não abriu a sua boca.
>
> Isaías 53:7

No Antigo Testamento, o profeta Isaías previu o que aconteceria quando o Messias fosse levado para ser sacrificado pelos pecados do mundo. Isaías profetizou que Ele ficaria mudo e submisso, um sinal de Sua força e estabilidade interior.

No início da minha vida cristã e do meu ministério, eu desejava chegar ao ponto de ser forte e estável como Jesus. Queria conseguir algum dia não ficar irritada, preocupada ou cheia de questionamentos ou de ansiedade.

Meu marido era o tipo de pessoa que achava fácil lançar sua ansiedade sobre o Senhor e deixá-la ali com Ele, acreditando que Ele supriria todas as nossas necessidades. Eu não era assim. Em meio a todos os nossos problemas financeiros, eu ficava na cozinha pensando em nossas contas não pagas e entrando em crise, enquanto Dave ficava na sala vendo televisão e brincando com as crianças. Eu tentava com todas as minhas forças crer e confiar no Senhor, mas simplesmente não tinha experiência suficiente para *saber* que Ele resolveria tudo à Sua maneira e no Seu tempo.

É exatamente nesses tempos de provação que conhecemos o Senhor e, como o apóstolo Paulo, aprendemos a ficar tranquilos e confiantes sejam quais forem as circunstâncias em que nos encontremos.

CONTENTES EM QUALQUER SITUAÇÃO

> Não estou dizendo isso porque esteja necessitado, pois aprendi a adaptar-me a toda e qualquer circunstância.
>
> Filipenses 4:11

Paulo tinha a capacidade de estar contente em qualquer situação na qual se encontrasse. Ele sabia como lançar a sua ansiedade sobre o Senhor e permanecer no lugar secreto à sombra das Suas asas. Apesar de todos os desafios que ele enfrentava e de todas as dificuldades pelas quais era obrigado a passar, Paulo sabia como viver cada dia sem se perturbar ou inquietar.

Se isso não acontece com você, não desanime, pois Paulo disse que isso era algo que ele havia *aprendido* a fazer — requer tempo e experiência. Talvez você não tenha adquirido essa capacidade ainda, mas se continuar seguindo o Senhor e sendo fiel e obediente a Ele independentemente do que possa lhe acontecer, mais cedo ou mais tarde você começará a desenvolver a capacidade de estar contente em qualquer situação que você se encontre.

CONFIE NO SENHOR — TOTALMENTE

> Confie no Senhor de todo o seu coração e não se apoie em seu próprio entendimento; reconheça o Senhor em todos os seus caminhos, e ele endireitará as suas veredas.
>
> Provérbios 3:5-6

Ao viajarmos pela estrada da vida, você e eu teremos muitas oportunidades de nos desviarmos do caminho para um lado ou para outro. Como o diabo sabe que estamos avançando em direção ao nosso objetivo, ele fará o possível para nos distrair. Ele nos tentará continuamente para que "tomemos a estrada da preocupação" a fim de nos levar à destruição.

Mas se nos mantivermos dentro das faixas e obedecermos à sinalização ao longo do caminho, poderemos permanecer dentro dos limites da direção e proteção de Deus. Em vez de tentarmos entender tudo por nós mesmos, precisamos confiar no Senhor para nos conduzir no caminho que devemos seguir e nos levar em segurança ao nosso destino final.

Não é difícil dizer quando começamos a ultrapassar os limites; é quando começamos a perder a nossa paz. A perda da paz é um sinal seguro de que saímos da proteção da sombra do Onipotente. Geralmente é uma indicação de que começamos a nos preocupar ou de que pecamos e não nos arrependemos ou maltratamos alguém sem reconhecer o nosso erro e sem nos esforçarmos para acertar as contas com essa pessoa. Seja qual for o problema, precisamos ser sensíveis a essa nossa ausência de paz, procurando descobrir porque isso está acontecendo, para podermos corrigir o problema e voltarmos ao caminho do Senhor.

Nesta passagem de Provérbios nos é dito para confiarmos no Senhor não apenas com o nosso coração, mas *também* com a nossa mente. Como vimos, a fé é a dependência da personalidade humana *inteira* em Deus com uma confiança absoluta no Seu poder, sabedoria e bondade. Quando Deus diz para dependermos dele, Ele quer dizer para fazermos isso total e completamente. Ele quer dizer que devemos confiar nele mental e emocionalmente, assim como espiritualmente.

Eu costumava pensar que estava crendo e confiando no Senhor. Espiritualmente, poderia até ser que eu estivesse fazendo isso. Mas mentalmente, eu ainda continuava planejando e esquematizando, tentando descobrir como resolver tudo sozinha. Emocionalmente, eu ainda estava me preocupando e me angustiando, tentando encontrar paz em minha mente e em meu coração, mantendo tudo sob o meu controle.

Apesar de afirmar que estava crendo em Deus e confiando no Senhor, eu estava em tumulto e confusão constantes — o que é sempre um sinal de que estamos extrapolando e prontos para termos problemas.

BUSQUE A DEUS E NÃO A SUA SEGURANÇA

> Portanto eu lhes digo: não se preocupem com sua própria vida, quanto ao que comer ou beber; nem com seu próprio corpo, quanto ao que vestir. Não é a vida mais importante do que a comida, e o corpo mais importante do que a roupa?
>
> Observem as aves do céu: não semeiam nem colhem nem armazenam em celeiros; contudo, o Pai celestial as alimenta. Não têm vocês muito mais valor do que elas?
>
> Quem de vocês, por mais que se preocupe, pode acrescentar uma hora que seja à sua vida?
>
> Por que vocês se preocupam com roupas? Vejam como crescem os lírios do campo. Eles não trabalham nem tecem. Contudo, eu lhes digo que nem Salomão, em todo o seu esplendor, vestiu-se como um deles. Se Deus veste assim a erva do campo, que hoje existe e amanhã é lançada ao fogo, não vestirá muito mais a vocês, homens de pequena fé?
>
> Portanto, não se preocupem, dizendo: "Que vamos comer?" ou "que vamos beber?" ou "que vamos vestir?" Pois os pagãos é que correm atrás dessas coisas; mas o Pai celestial sabe que vocês precisam delas.
>
> Busquem, pois, em primeiro lugar o Reino de Deus e a sua justiça, e todas essas coisas lhes serão acrescentadas.
>
> Mateus 6:25-33

Esta é uma passagem maravilhosa das Escrituras em que o próprio Jesus fala diretamente conosco sobre a futilidade da preocupação e da ansiedade. Todas as vezes que somos tentados a nos preocupar ou a ficarmos ansiosos com qualquer coisa na vida, devemos ler esses versículos em voz alta.

No versículo 25 o nosso Senhor nos ordena especificamente que paremos de ficar permanentemente inquietos, preocupados e ansiosos. Só isso já é motivo suficiente para deixarmos de nos torturar com pensamentos e sentimentos negativos, porque quando fazemos isso estamos não apenas ferindo a nós mesmos, como também sendo desobedientes a Deus.

No versículo 26 Jesus nos ordena que olhemos os pássaros do céu. Você já viu um pássaro em uma árvore tendo um ataque de nervos? Da mesma maneira como Deus alimenta os pássaros e os animais, e até veste a erva e as flores do campo, Ele alimentará e vestirá aqueles que colocarem sua fé e confiança nele.

No versículo 32, Jesus nos garante que o nosso Pai celestial sabe de tudo que necessitamos e Ele nos prometeu o suprimento. Então, por que devemos nos preocupar?

Por fim, no versículo 33, Jesus nos dá a chave para vivermos na paz do Senhor. Devemos buscar em primeiro lugar o Reino de Deus e a Sua justiça, e todas as demais coisas também nos serão acrescentadas. Em outras palavras, o motivo pelo qual nos preocupamos, nos angustiamos e vivemos ansiosos e com medo é simplesmente por termos as prioridades erradas. Estamos buscando segurança nas coisas deste mundo e não no Criador deste mundo.

Como o Corpo de Cristo, *devemos buscar Deus e não a resposta para os nossos problemas*. Se buscarmos Deus e a Sua justiça, Ele prometeu dar todas as respostas de que necessitamos.

Passamos tempo demais buscando coisas e não passamos tempo suficiente buscando Deus. Em nenhum lugar da Palavra de Deus nos é dito para passarmos todo o nosso tempo buscando o par perfeito ou um lar feliz ou uma carreira ou um ministério de sucesso, embora Deus realmente queira que tenhamos todas essas coisas boas. Em vez disso, nos é dito para buscarmos Deus e a Sua justiça, confiando nele para suprir todas essas outras coisas, pois Ele sabe que precisamos delas de acordo com o Seu plano divino e no Seu tempo.

LANCE A SUA ANSIEDADE SOBRE ELE

Humilhai-vos, pois, debaixo da potente mão de Deus, para que a seu tempo vos exalte; lançando sobre ele toda a vossa ansiedade, porque ele tem cuidado de vós.

1 Pedro 5:6-7, AA

No Salmo 27 lemos que o salmista tinha a ideia certa quando escreveu que a única coisa que ele pedia ao Senhor era que ele pudesse habitar na Sua presença contemplando a beleza do Senhor todos os dias de sua vida.

No Salmo 91 vimos que se procurarmos habitar no lugar secreto do Altíssimo, dependendo dele e confiando nele, Ele nos acrescentará todas as bênçãos que prometeu no restante do salmo.

Em Mateus 6:25-33 vimos que não devemos buscar as coisas desta vida, mas buscar em primeiro lugar o Reino de Deus e a Sua justiça. No versículo 34 desta mesma passagem, vimos que não devemos nos preocupar ou ficar ansiosos pelo dia de amanhã, porque o amanhã trará suas próprias preocupações e ansiedades; é suficiente para nós lidarmos com as preocupações de cada dia à medida que forem surgindo.

Ora, nesta passagem nos é dito como devemos lidar com os cuidados de cada dia ——lançando todas as nossas ansiedades sobre o Senhor que cuida de nós afetuosamente e se importa conosco atentamente.

Por várias vezes no Salmo 37 nos é dito para não nos angustiarmos e também evitarmos os pensamentos de ansiedade, que podem rapidamente nos deixar irritados. Em vez disso, devemos colocar a nossa fé e confiança no Senhor, que é o nosso Refúgio e a nossa Fortaleza (Salmos 91:2).

DEUS COMO O NOSSO REFÚGIO E FORTALEZA

> Eu te amo, ó Senhor, minha força.
> O SENHOR é o meu rochedo, e a minha Torre Forte, e o meu libertador; o meu Deus, a minha fortaleza, em quem confio; o meu escudo, a força da minha salvação, e o meu alto refúgio. Invocarei o nome do SENHOR, que é digno de louvor, e ficarei livre dos meus inimigos.
>
> Salmos 18:1-3, ACF

O salmista diz que Deus é tudo de que ele necessita: o seu Senhor, o seu Lugar Forte, a sua Rocha, a sua Fortaleza, o seu Libertador, o seu Escudo, a Força da sua salvação e o seu Alto Refúgio. No Salmo 61:2 ele chama Deus de "... a Rocha que é mais alta do que eu...". No Salmo 62:2 ele diz do Senhor: "Ele é a minha Rocha e a minha Salvação, a minha Defesa e a minha Fortaleza, não serei grandemente abalado."

Davi disse que *somente* Deus era a sua Rocha e a sua Fortaleza. Esse também deve ser o nosso testemunho. A Rocha da nossa segurança não deve ser Deus e mais alguma coisa, mas somente Deus.

A rocha é um tipo de fundamento seguro. Quando as águas da provação ameaçam subir e nos esmagar, precisamos fazer como Davi e subir na rocha que é mais alta que nós.

Davi também chamou o Senhor de sua Fortaleza. Uma fortaleza é um castelo, um forte, um local de defesa, um lugar para onde vamos quando estamos sendo caçados ou atacados. Não é um esconderijo, conforme mencionamos antes, onde o nosso inimigo não pode nos encontrar. É um lugar de proteção onde podemos ver e ser vistos, mas onde não podemos ser alcançados porque estamos seguros sob a proteção de Deus.

Davi também chamou o Senhor de sua Torre Forte — outro lugar alto e inacessível — e de seu Escudo e Broquel — que são parte da armadura de proteção que cerca o crente (Efésios 6:10-17).

No Salmo 125:1,2 lemos: "Os que confiam no Senhor são como o monte Sião, que não se pode abalar, mas permanece para sempre. Como os montes cercam Jerusalém, assim o Senhor protege o seu povo, desde agora e para sempre." Deus não está apenas acima de nós e ao nosso redor, Ele está até mesmo embaixo de nós, porque o salmista nos diz: "... o Senhor sustém os que são [constantemente] justos" (Salmos 37:17, AMP). Deus está nos sustentando com Sua destra poderosa e está nos cercando como as montanhas cercam a cidade santa de Jerusalém.

O diabo é contra nós, mas Deus é por nós e sobre nós, está conosco e em nós. Por Ele se importar conosco, Ele cuida e nos protege de forma que podemos ter paz e descanso à sombra das Suas asas ao lançarmos sobre Ele as nossas ansiedades.

7. LANCE A SUA ANSIEDADE, E NÃO A SUA RESPONSABILIDADE

Portanto, humilhem-se debaixo da poderosa mão de Deus, para que ele os exalte no tempo devido. Lancem sobre ele toda a sua ansiedade, porque ele tem cuidado de vocês.

1 Pedro 5:6-7

É IMPORTANTE APRENDERMOS A LANÇAR nossas ansiedades sobre Ele, mas não nossas responsabilidades. Frequentemente fazemos exatamente o contrário; lançamos as nossas responsabilidades sobre Ele, mas ficamos com a nossa ansiedade.

Há uma diferença entre lançarmos a nossa ansiedade sobre Ele e ficarmos passivos. Precisamos entender essa diferença. Como vimos em João 6:28, 29, Jesus nos disse que como crentes, nossa primeira responsabilidade é crer. Isso não deveria ser uma dificuldade, pois se Deus nos disse algo, não deveríamos ter problemas em crer nisso e em fazer o que Ele nos diz para fazer. E uma coisa que Ele nos disse para fazer é que lançássemos a nossa ansiedade sobre Ele, o que por si só pode ser uma atitude de natureza um tanto quanto violenta.

O REINO PELA FORÇA

> E, desde os dias de João o Batista até agora, se faz violência ao reino dos céus, e pela força se apoderam dele.
>
> Mateus 11:12, ACF

Lançar é uma palavra violenta. Significa atirar, arremessar, levantar, remeter, golpear, empurrar, expulsar, ou expelir — todos eles termos bastante enérgicos.[1] Em Mateus 11:12 Jesus disse que desde os dias de João Batista, o Reino de Deus tem sofrido ataque violento, e homens violentos se apoderaram dele pela força.

De certa forma, então, precisamos ser violentos — espiritualmente violentos — quando se trata de lançar a nossa ansiedade sobre o Senhor e permanecer no lugar secreto do Onipotente. Parte dessa violência é expressa através da nossa recusa terminante de viver por mais tempo debaixo da culpa e da condenação, que podem na verdade representar a preocupação por causa dos nossos erros do passado.

Por ter sofrido abuso por tanto tempo durante a infância, desenvolvi uma natureza baseada na vergonha. Eu me sentia mal comigo mesma o tempo todo. Carreguei um fardo de culpa comigo durante toda a vida.

Quando comecei a mergulhar na Palavra de Deus e descobri que Jesus havia me libertado desse fardo de culpa e condenação, levei anos para sentir que estava totalmente livre. Embora eu soubesse mental e espiritualmente que havia sido feita justiça de Deus nele por causa do que Ele havia feito por mim no Calvário, eu ainda tinha dificuldade de aceitar e viver isso emocionalmente. O diabo atacava meus sentimentos, fazendo com que eu me sentisse culpada e condenada. Eu me preocupava com o meu passado — como poderia superá-lo? Lutei contra esses sentimentos durante anos até finalmente ficar saturada. Eu disse ao diabo: *"Não! Eu não vou viver sob a culpa e a condenação! Jesus me fez justiça de Deus, e eu decidi que vou ter o que Ele morreu para me dar!"*

O apóstolo Paulo disse que Ele prosseguia para alcançar aquilo para o qual ele havia sido alcançado por Cristo Jesus (Filipenses 3:12). Era isso que eu estava fazendo. Eu sabia, com base na Bíblia, que havia sido justificada diante de Deus por meio do sangue derramado de Seu Filho Jesus Cristo. Eu tinha as Escrituras no meu coração e as confessava com a minha boca, mas o inimigo ainda continuava atacando os meus sentimentos — até que uma ira santa se levantou dentro de mim finalmente me libertando.

Às vezes, é preciso ficarmos irados o suficiente para nos levantarmos contra os principados, potestades e forças espirituais do mal nos lugares celestiais que tentam nos impedir de desfrutar todas as bênçãos compradas para nós por Jesus Cristo. Em geral, ficamos furiosos com as pessoas, quando na verdade deveríamos ficar furiosos com o diabo e seus demônios.

Assim como sentir raiva de Satanás, lançar nossa ansiedade sobre o Senhor também pode ser uma forma justa de violência. Podemos resistir e continuar resistindo a Satanás e à culpa, à condenação, à preocupação e à ansiedade que ele tenta colocar em nós, até ficarmos tão saturados que reagiremos com uma ira santa. Quando ele tenta nos obrigar a carregar um fardo de ansiedade, podemos parar e tomar de volta violentamente o que Satanás está tentando tirar de nós, dizendo: *"Não! Eu não vou carregar essa ansiedade. Eu vou lançá-la sobre o Senhor!"*

Todos têm os seus problemas, mas se tornaram muito hábeis em ocultá-los. Muitas pessoas têm problemas com a preocupação ou a culpa, e ficam ansiosas a ponto de chorar muitas vezes, a caminho da igreja. Quando saem do carro, no estacionamento, colocam sua "cara de crente" e entram na igreja louvando ao Senhor. Depois saem do jeito que entraram — até estarem a sós outra vez. Mais tarde voltam à sua angústia e vergonha.

Para nos livrarmos deste tipo de farsa, precisamos lançar mãos de uma espécie de violência santa. Quando sentimos que o diabo está começando a colocar algum tipo de culpa, condenação e ansiedade sobre nós precisamos pegá-las e lançá-las sobre o Senhor.

Em cada um de nós, existem certas questões espirituais que precisam ser resolvidas de uma vez por todas. Sejam quais forem essas questões que estejam nos impedindo de andar na plenitude de alegria, paz e do descanso que o Senhor tem em mente para nós, precisamos lançá-las sobre Ele.

A Bíblia diz que devemos lançar *todas* as nossas ansiedades sobre Deus. O que é uma ansiedade? A palavra grega que nas Bíblias em língua portuguesa foi traduzida como ansiedade em 1 Pedro 5:7 significa "atrair em diferentes direções, distrair, por conseguinte significa 'aquilo que provoca isto, uma ansiedade, especialmente uma ansiedade inquietante'".[2]

Por que o diabo tenta lançar ansiedades sobre nós? Para nos distrair da nossa comunhão com Deus. Este é todo o propósito dele. É por isso que precisamos aprender a lançar nossa ansiedade sobre Ele, mas não nossa responsabilidade. Para fazer isso, precisamos saber o que é nossa responsabilidade e o que não é.

O PROBLEMA DA INDEPENDÊNCIA

> Lançando sobre ele toda a vossa ansiedade, porque ele tem cuidado de vós.
>
> 1 Pedro 5:7, ARA

Existe uma tradução do Novo Testamento em língua inglesa feita por A. S. Worrell que acrescenta uma nota de rodapé a este versículo, dizendo sobre ele o seguinte: "Tendo lançado toda a sua ansiedade sobre Ele: o tempo verbal grego aqui indica que alguém lança a sua ansiedade constante e completamente, de uma vez por todas, sobre Deus. Isto, em certo sentido, é feito quando uma pessoa faz uma entrega completa de si mesma e de tudo que é seu a Deus para que Ele administre segundo a Sua vontade. Quando alguém coloca toda a administração de sua vida nas mãos de Deus, pode chegar ao ponto de ficar livre de toda a ansiedade, independentemente das provações externas que podem lhe vir a acontecer."[3]

Frequentemente somos culpados pelo pecado da independência, que gera muitos problemas.

O desejo por independência é sinal de que somos cristãos imaturos. Uma criança pequena acha que pode fazer qualquer coisa. Em vez de pedir ajuda, ela quer fazer tudo sozinha. Tenta colocar os sapatos, amarrar os cadarços e se vestir sozinha. Muitas vezes ela coloca os sapatos no pé errado, amarra os cadarços juntos e acaba tropeçando, e veste as roupas do lado avesso ou com as costas para frente.

É assim que somos muitas vezes na nossa vida cristã. O nosso Pai celestial tenta nos ajudar, mas não queremos a Sua ajuda; queremos fazer tudo sozinhos — e acabamos fazendo uma terrível confusão.

Deus quer administrar a nossa vida. Ele quer tratar de nossos assuntos por nós, para nos abençoar. Mas muitas vezes rejeitamos a Sua ajuda e tentamos agir sozinhos. Em geral, o resultado é desastroso. Se queremos experimentar a paz do Senhor, precisamos aprender a lançar toda a nossa ansiedade sobre Ele permanentemente, como vemos nas notas de estudo da versão de Worrell: "*Em vez de lançar o fardo* sobre o Senhor, e deixar que ele fique ali com Ele, muitos cristãos se aproximam de Deus em oração, e obtêm um alívio temporário; depois se afastam, e logo descobrem que estão debaixo do mesmo fardo. Esse tipo de cristão nunca experimentou plenamente a crucificação; mas depois de vivermos esta crucificação de forma plena podemos viver sem nenhuma ansiedade; sem que haja nada perturbando a profunda paz de nossa alma. Mas ninguém pode atingir este estado abençoado na mente e no coração até primeiramente render todo o seu ser a Deus, recebendo o Espírito Santo para habitar dentro dele, e até Cristo se tornar real em seu coração, como Regente no âmbito espiritual."[4]

A maneira de vencermos o espírito de independência é nos colocando totalmente nas mãos de Deus e permitindo que Ele seja o Administrador de toda a nossa vida.

Eis uma boa oração para fazer essa entrega: "Senhor, se houver algo que Tu queiras que eu faça nesta situação mostra-me e ajuda-me a fazer o que Tu queres. Estou esperando em Ti, dependendo de Ti. Vou orar e louvar, mas não vou agir segundo as obras da carne, tentando fazer alguma coisa acontecer. Se não houver nada que eu possa fazer para resolver esta situação, dá-me a graça de deixar isto para lá para que Tu a resolvas de acordo com a Tua divina vontade e no Teu tempo perfeito."

Sendo assim, a nossa principal responsabilidade é confiar em Deus. A segunda é não tentar tomar o lugar dele.

NÃO TENTE FAZER O PAPEL DE DEUS

> Mas eu lhes afirmo que é para o bem de vocês que eu vou. Se eu não for, o Conselheiro não virá para vocês; mas se eu for, eu o enviarei. Quando ele vier, convencerá o mundo do pecado, da justiça e do juízo.
>
> João 16:7-8

Precisamos aprender a distinguir entre a nossa parte e a de Deus — e depois deixar a parte dele para Ele, recusando-nos a "fazer o papel de Deus".

Por exemplo, não podemos mudar as pessoas. Sei muito bem disso, por causa dos anos que tentei mudar meu marido. Quanto mais eu tentava mudá-lo, pior se tornava a tensão entre nós. Acabei recebendo a revelação de que *pessoas não podem mudar pessoas.* Só Deus pode mudar as pessoas.

Durante anos, tentei fazer algo que eu não tinha poder para fazer. Na verdade eu precisava simplesmente entregar meu marido ao Senhor, crendo que Ele faria o melhor por ele, da Sua maneira e no Seu tempo.

Cabe ao Espírito Santo convencer os pecadores do seu pecado. Nossa tarefa não é ficar lançando pequenas indiretas para fazer com que as pessoas se sintam culpadas — como, por exemplo, deixar a Bíblia bem aberta no lugar certo ou colocar um versículo bíblico no espelho do banheiro para que elas vejam.

A Bíblia diz que o Espírito Santo convence do pecado e da justiça. Entretanto, durante anos, tentei convencer meu marido e meus filhos do que eu achava que eram os seus pecados. Eu também tentava convencê-los da minha justiça. Não é de admirar que eu estivesse sempre com problemas! Estava o tempo todo tentando fazer o trabalho do Espírito Santo.

Então, além de nos submetermos inteiramente ao Senhor, confiar nele para resolver as coisas para nós como só Ele sabe fazer, precisamos parar de tentar fazer o papel de Deus na nossa própria vida e na vida das pessoas. Precisamos deixar Deus ser Deus.

DEIXE DEUS SER DEUS

> Pois quem conheceu ou entendeu a mente (os conselhos e propósitos) do Senhor para que possa instruí-lo, guiá-lo e lhe dar conhecimento?...
>
> 1 Coríntios 2:16, AMP

Não é nosso trabalho dar direção, conselhos ou orientação a Deus. Na Sua Palavra, Ele deixa claro que não precisa de nós para informar-lhe o que está acontecendo ou para lhe dizer o que precisa fazer: "Pois os meus pensamentos não são os pensamentos de vocês, nem os seus caminhos são os meus caminhos, declara o Senhor. Assim como os céus são mais altos do que a terra, também os meus caminhos são mais altos do que os seus caminhos e os meus pensamentos mais altos do que os seus pensamentos" (Isaías 55:8,9).

É nosso trabalho ouvir Deus e permitir que Ele nos diga o que está acontecendo e o que devemos fazer a respeito — deixando que Ele resolva o restante de acordo com o Seu conhecimento e vontade, e não de acordo com o nosso conhecimento e vontade.

Às vezes nos esquecemos disso, então o Senhor precisa nos dizer: "Quem você pensa que é? Volte ao seu lugar de submissão e pare de tentar ser o Meu patrão."

Lembro-me de uma vez em que eu estava me esforçando muito para entender algo enquanto Deus estava tentando me libertar do fardo de tentar racionalizar sobre tudo ao meu redor. Finalmente, Ele me disse: "Joyce, você não percebe que se algum dia você conseguisse me entender, Eu não seria mais Deus?"

Deus é Deus — e nós não. Precisamos reconhecer esta verdade e simplesmente confiar nossas vidas a Ele, pois Ele é maior do que nós em todos os aspectos e em todas as áreas. Fomos criados à Sua imagem, mas mesmo assim Ele ainda está acima e além de nós. Seus pensamentos e caminhos são mais altos que os nossos. Se o ouvirmos e formos obedientes a Ele, Deus nos ensinará os Seus caminhos. Mas nunca vamos entendê-lo. Não devemos nem sequer tentar.

NÃO QUESTIONE NEM CRITIQUE DEUS

> Mas quem é você, ó homem, para questionar a Deus? Acaso aquilo que é formado pode dizer ao que o formou: Por que me fizeste assim?

> O oleiro não tem direito de fazer do mesmo barro um vaso para fins nobres e outro para uso desonroso?
>
> Romanos 9:20-21

Não cabe a nós investigar Deus. Ele não está sendo julgado.

"Senhor", dizemos, "não entendo por que Tu não respondes às minhas orações". Mas nunca nos ocorre que talvez estejamos orando fora da vontade de Deus. É perceptível o fato de que o grande problema da maioria dos cristãos é a incapacidade de distinguirem entre a vontade de Deus e a ambição pessoal.

Ah, mas eu sei que o que estou pedindo é da vontade de Deus.

O que nos faz pensar assim? Geralmente é o fato de estarmos pedindo o que queremos, então supomos ser isso o que Deus quer também.

Existem muitas coisas nesta vida que não estão claramente explicitadas na Bíblia, então precisamos ter um pouco de discernimento do Senhor para sabermos se elas são da vontade dele para nós. Mesmo que sejam a vontade dele para nós, precisamos também levar em consideração o tempo dele, e muitas vezes isso requer paciência e confiança da nossa parte.

Durante anos, tive dificuldade com questões assim, geralmente por eu já ter me decidido sobre como as coisas deviam ser, mesmo antes de buscar a Deus em oração a respeito do assunto. Frequentemente minhas orações eram realmente apenas sessões de apresentação de pedidos de oração nas quais eu tentava manipular Deus para conseguir o que eu queria dele.

Se não conseguisse o que eu pedia em oração, presumia ser o diabo tentando impedir que eu recebesse o meu pedido. Então eu passava horas repreendendo Satanás e ordenando que ele tirasse as mãos da minha resposta e deixasse que ela se manifestasse. Quando isso não funcionava, eu telefonava para diversas amigas minhas para que elas concordassem comigo em oração. Juntas, nós orávamos, confessávamos, repreendíamos e concordávamos, mas geralmente nada disso adiantava. Eu não conseguia entender por que nada funcionava quando eu estava tão certa de conhecer a vontade de Deus naquela área.

Eu buscava o Senhor e dizia: "Pai, o que está errado? Por que Tu não estás atendendo às minhas orações como prometeste?"

Na verdade, eu estava questionando e criticando Deus. Estava dizendo: "Senhor, eu faço a minha parte, então por que Tu não estás fazendo a Tua? O que está acontecendo aqui?"

Por fim, o Senhor me mostrou na Sua Palavra qual era o problema. Embora eu estivesse pedindo, eu fazia isso com o propósito e as motivações errados.

PROPÓSITO E MOTIVAÇÕES ERRADAS

> De onde vêm as guerras e contendas que há entre vocês? Não vêm das paixões que guerreiam dentro de vocês? Vocês cobiçam coisas, e não as têm; matam e invejam, mas não conseguem obter o que desejam. Vocês vivem a lutar e a fazer guerras. Não têm, porque não pedem.
>
> Quando pedem, não recebem, pois pedem por motivos errados, para gastar em seus prazeres.
>
> Tiago 4:1-3

A primeira coisa que Deus me mostrou nesta passagem é que costumamos nos envolver em problemas e contendas por tentarmos fazer as coisas acontecerem por nós mesmos em vez de simplesmente pedirmos que a vontade dele seja feita.

Então Ele me mostrou a segunda parte dessa passagem onde está escrito que mesmo quando pedimos, o motivo pelo qual não temos nossas orações atendidas é por pedirmos com o propósito ou com os motivos errados.

O Senhor me disse: "Joyce, sempre que você me pede algo e não recebe, não é porque não quero abençoá-la ou porque estou negando alguma coisa a você. É porque tenho algo melhor em mente para a sua vida, mas você ainda não está madura espiritualmente para saber me pedir isso."

DEIXE DEUS TOMAR AS DECISÕES

> Confia no SENHOR e faze o bem; habita na terra e alimenta-te da verdade. Agrada-te do SENHOR, e ele satisfará os desejos do teu coração. Entrega o teu caminho ao SENHOR, confia nele, e o mais ele fará.
>
> Salmos 37:3-5, ARA

Desde que o Senhor falou comigo sobre o que estava errado com a minha maneira de orar, aprendi a não lhe pedir nada fora da Sua vontade. Se não tenho certeza de qual é a vontade dele para uma determinada situação, sempre oro pedindo o que desejo ou o que gostaria que acontecesse, mas acompanho o meu pedido com a seguinte declaração: "Senhor, se o que estou pedindo não é da Tua vontade, por favor, não me dê isso. Quero a Tua vontade mais do que a minha própria."

Aprendi a buscar em primeiro lugar a vontade dele e a Sua justiça, confiando nele para me acrescentar tudo que Ele sabe serem minhas necessidades reais, tudo que me abençoará, e não será um fardo para mim ou que não me afastará dele.

Durante anos orei e busquei um grande ministério. Mas Deus sabia não ser aquilo o que eu precisava naquele momento. Eu não estava pronta para isso — não era madura o suficiente para lidar com tudo o que acompanha o sucesso. Continuando a orar e a buscar algo que não era o correto para mim, eu só retardava o meu crescimento. Quando comecei a buscar a Deus em vez de buscar um grande ministério, meu ministério começou a crescer.

Durante anos busquei Deus pedindo prosperidade. Eu tinha outras necessidades maiores. Precisava andar em amor e demonstrar o fruto do Espírito. Precisava ser liberta do egoísmo, da teimosia, da independência e de muitas outras coisas. Deus queria que eu fosse capaz de doar e que acreditasse no bom funcionamento das Suas leis de prosperidade, mas Ele não queria que eu passasse o meu tempo buscando coisas.

Se buscarmos a Deus para ter dinheiro ou bens sem buscá-lo, ainda que Ele nos dê tudo isso, tê-las só fará com que venhamos a pecar. Como costumo dizer, os nossos galhos não podem ser maiores do que a profundidade das nossas raízes. As árvores são assim — as raízes se estendem tão profundamente quanto o tamanho dos galhos, que são a parte visível para nós. Do contrário, a árvore seria derrubada na primeira tempestade.

Se nossa vida espiritual não for tão profunda quanto a nossa bênção exterior, só teremos problemas. Nossa maturidade espiritual precisa ser compatível com nossa prosperidade e sucesso. Deus deve se tornar e continuar sendo sempre o primeiro em nossas vidas para tudo o mais funcionar da maneira adequada.

Em Deuteronômio 8 vemos Deus fazer uma advertência aos israelitas. Ele lhes disse que iria abençoá-los e depois disse o seguinte: "Mas se vocês se esquecerem do Senhor, o seu Deus, e seguirem outros deuses, prestando-lhes culto e curvando-se diante deles, asseguro-lhes hoje que vocês serão destruídos" (v. 19).

Muitas coisas podem se tornar deuses para nós. Um emprego que uma pessoa teve fé em Deus para ajudá-la a conseguir pode se tornar um deus para ela. Um ministério, uma casa, um cônjuge, um filho — literalmente qualquer bênção do Senhor pode nos trazer problemas se não mantivermos nossas vidas equilibradas e acabarmos transformando a bênção em um deus. Precisamos examinar constantemente nossas prioridades e garantir que estamos colocando-as na ordem correta.

É uma grande libertação entregar a administração da nossa vida a Deus. Isto significa que devemos ficar passivos, parando de resistir ao diabo quando ele nos atacar? Não, em absoluto. Significa simplesmente que devemos confiar no Senhor e colocar a nossa confiança nele. Devemos esperar nele e dar ouvidos a Ele. Deus nos mostrará quando precisamos nos levantar contra os espíritos malignos que vêm para nos enganar e destruir. Se dermos ouvidos a Ele, pensaremos duas vezes antes de começarmos a repreender cada situação que se levanta ou cada circunstância em que nos encontramos.

É a vontade de Deus nos abençoar, mas não necessariamente nos nossos termos. Às vezes, aquilo que pensamos que seria uma maravilhosa bênção não iria nos abençoar de modo algum.

Em toda a nossa busca, dificuldades e esforços — mesmo em oração devemos tomar cuidado para não darmos à luz "Ismaéis". Se fizermos isso, precisaremos passar o restante de nossos dias tomando conta deles. Em vez disso, precisamos aprender a esperar que Deus traga à luz os "Isaques" em nossas vidas. Eles serão uma bênção para nós enquanto vivermos.

NÃO CONTENDA COM O SEU CRIADOR

> Ai daquele que contende com o seu Criador! E não passa de um caco de barro entre outros cacos. Acaso, dirá o barro ao que lhe dá forma: Que fazes? Ou: A tua obra não tem alça. Ai daquele que diz ao pai: Por que geras? E à mulher: Por que dás à luz? Assim diz o SENHOR, o Santo de Israel, aquele que o formou: Quereis, acaso, saber as coisas futuras? Quereis dar ordens acerca de meus filhos e acerca das obras de minhas mãos?
>
> Isaías 45:9-11, ARA

Em Romanos 9:20, 21 vimos que não devemos criticar, contradizer ou retrucar a Deus de forma grosseira. Não devemos perguntar a Deus: "Por que o Senhor me fez assim?"

Durante anos, eu não gostava de quem eu era, da maneira como Deus havia me feito. Não gostava da minha personalidade forte, agressiva e ousada. Eu queria ser doce, mansa, e tranquila — pessoas doces, mansas e tranquilas não se envolvem em tantos problemas quanto as pessoas como eu.

Para dizer a verdade, eu não gostava de nada em mim. Então orava e perguntava a Deus: "Por que o Senhor me fez assim? É tão fácil para o Dave lançar as ansiedades dele sobre Ti, e parece que eu me preocupo com tudo. Por que, Deus, por quê? Por que o Senhor me deu esta voz grave? Por que eu não posso ter uma voz suave e mansa como a maioria das mulheres tem?"

O fato é que minha voz passou a ser uma bênção por atrair a atenção. Não consigo me lembrar de quantas pessoas já me disseram: "Eu estava procurando uma estação no rádio quando de repente ouvi aquela voz..." Na verdade, ela é tão autoritária que Carman, um cantor cristão popular nos Estados Unidos, se refere a mim como "a Voz".

Mas no momento em que eu estava orando a Deus e contendendo com o meu Criador sobre a maneira como Ele havia me feito, eu não entendia. Eu só queria saber por que eu não podia ser "normal" e não conseguia ficar contente em ficar em casa e cuidando da casa, plantando tomates, lavando, passando e costurando.

Na verdade, eu não queria fazer essas coisas comuns, queria ter um grande ministério. Mas parecia que eu simplesmente não tinha as qualidades necessárias para isso. Então clamei a Deus, perguntando-lhe porque havia me feito do jeito que eu era em vez da maneira como eu queria ser.

Quem pode dizer por que Deus nos fez assim? Mas Ele é o Oleiro e nós somos o barro. Não é da nossa conta por que Ele nos forma e molda da maneira que somos.

Não apenas questionamos Deus sobre o porquê de Ele ter nos feito como somos, como também questionamos sobre por que Ele fez os outros como eles são.

No início do nosso casamento, meu marido Dave orava e perguntava a Deus: "Senhor, por que o Senhor deu à Joyce o dom de pregar em vez de dá-lo a mim?" Nenhum de nós conseguia entender por que Deus aparentemente havia invertido a ordem no nosso caso. Ele me deu o dom de pregar e de ensinar, e deu a Dave o dom da administração e do apoio. Isto não parecia "normal" para nós. Não era a maneira como outros ministérios de marido e mulher que conhecíamos funcionavam. Mas enquanto Dave e eu questionamos o Senhor a respeito disso, fomos infelizes.

Enquanto você e eu discutirmos com Deus e contendermos com o nosso Criador, seremos infelizes. Quando aceitamos a vontade de Deus, como Dave e eu finalmente fizemos, então, podemos ser usados e abençoados por Ele como Ele desejar.

Em Romanos 9:21, Paulo pergunta: "Ou não tem o oleiro poder sobre o barro, para da mesma massa fazer um vaso para honra e outro para desonra?" Isso não significa desonra aos olhos de Deus. Significa desonra aos olhos daqueles que não entendem o propósito de Deus; aqueles que pensam que algumas pessoas são mais dignas de honra e que o trabalho de alguns é mais importante que o de outros.

Algumas pessoas podem olhar para mim e pensar que meu trabalho é mais importante que o de Dave simplesmente por eu estar diante do microfone e da câmera, e ele está por trás deles. Mas estamos onde estamos porque o próprio Deus nos colocou ali. Eu não pedi esta posição de proeminência nem Dave pediu seu trabalho por trás dos bastidores no ministério de apoio. Mas cada um de nós precisa aceitar o papel que Deus nos designou e se submeter a Ele para que nos molde e nos faça segundo a Sua vontade e o Seu plano, e não segundo a nossa vontade e o nosso plano.

Precisamos lembrar que enquanto atuarmos na posição criada por Deus para ocuparmos, Sua graça estará conosco. Mas no instante em que sairmos do papel ordenado por Deus, estaremos operando fora de Sua unção.

Nunca devemos nos esquecer de que... "Porque somos criação de Deus realizada em Cristo Jesus para fazermos boas obras, as quais Deus preparou antes para nós as praticarmos" (Efésios 2:10). Não devemos questioná-lo, criticá-lo, contradizê-lo, retrucar, ou contender com Ele.

Em 1 Coríntios 13:12 nos é dito que agora conhecemos apenas em parte. Essa é a melhor resposta que podemos encontrar para a pergunta: Por que Deus faz alguma coisa do jeito que Ele faz. Não cabe a nós questionar Deus ou mesmo tentar explicá-lo. Cabe a nós confiar e obedecer-lhe, lançando nossas ansiedades sobre Ele.

AS TRÊS PRIMEIRAS RESPONSABILIDADES

> Quanto a ti... exerce plenamente todos os deveres do teu ministério.
>
> 2 Timóteo 4:5, AMP

Como ministros do Evangelho de Jesus Cristo, o que todos fomos chamados para ser, temos certas responsabilidades ou deveres básicos.

Já discutimos a nossa primeira responsabilidade, que é confiar em Deus. Nossa segunda responsabilidade é orar sem nos preocuparmos. Nossa terceira responsabilidade é evitar as obras da carne.

Quando algo nos preocupa profundamente, como a salvação do nosso cônjuge ou filhos, podemos ser tão intensos que ficamos obcecados com isso, até mesmo em nossa vida de oração. A oração excessiva, principalmente na área de guerra espiritual, pode se tornar simplesmente mais uma obra da carne.

Eu mesma orei por alguns parentes por meses, ou anos. Mas não orava por cada um deles citando-os pelo nome dia sim e dia não. Eu costumava orar por um deles em um determinado dia e depois passava um ano inteiro sem orar especificamente por aquela pessoa de novo. Então, de repente, eu me sentia movida a chorar e a sentir dores como de parto por aquele indivíduo embora talvez não o visse há meses. Eu não fazia isso todos os dias, somente quando me sentia impelida a fazê-lo pelo Espírito Santo.

Em nossas orações, como em todos os outros aspectos da vida cristã, precisamos não ter medo de ser guiados pelo Espírito. Às vezes, se não sentimos que o Espírito de Deus está nos impulsionando a fazer algo, nós nos forçamos a fazê-lo. Afinal, raciocinamos, precisamos fazer alguma coisa. Parece que temos a ideia errônea de que se não estamos fazendo nada ativamente, Deus não pode trabalhar. Esquecemo-nos de que devemos lançar nossas ansiedades sobre Ele e não nossas responsabilidades.

É nossa responsabilidade confiar, orar sem nos preocuparmos e evitar as obras da carne. Quando vamos além dessa responsabilidade e começamos a orar *e* a nos preocupar, cancelamos as nossas orações. Elas passam a ser apenas obras da carne, uma tentativa de mudar as coisas através a nossa própria energia e esforço.

A FRUSTRAÇÃO É UMA OBRA DA CARNE

Não anulo a graça de Deus...

Gálatas 2:21

Deus não é contra o *trabalho,* Ele é contra as *obras*. Há uma diferença.

Trabalhar é fazer pela graça de Deus o que Ele nos chamou para fazer. É gastar a nossa energia e o nosso esforço para ver a vontade de Deus acontecer em nossas vidas. Mas realizar *obras* é fazer na nossa própria força e capacidade o que desejamos que seja feito. É gastar nossa energia e esforço para tentar realizar o que somente Deus pode realizar.

Quando fazemos o trabalho que Deus nos chamou para fazer, Ele nos dá uma energia sobre-humana.

Em nossas reuniões, costumamos trabalhar até muito tarde da noite ministrando às pessoas. No dia seguinte, muitas vezes nos levantamos às seis da manhã, preparando tudo para irmos para o próximo local onde iremos ministrar. Fisicamente podemos ficar cansados, mas espiritualmente somos renovados e restaurados pelo Espírito do Senhor. Este é um bom exemplo da diferença entre obras da carne e a operação do Espírito. Trabalhamos arduamente, mas procuramos evitar as obras da carne.

As obras da carne incluem preocupação, racionalização e tentar descobrir o que fazer para as coisas acontecerem de acordo com nossa vontade e no nosso tempo. Elas constituem um dos maiores problemas entre o povo de Deus hoje.

Como vimos, o oposto de obras é graça. Enquanto estivermos tentando viver a vida cristã a partir das obras da carne, jamais seremos realmente e verdadeiramente felizes.

O diabo usa as obras da carne para roubar nossa alegria. Satanás não quer que vivamos cheios de contentamento, de paz e descanso. Ele quer que estejamos preocupados, confusos e angustiados. Em vez de confiar no Senhor e esperar que Ele se mova da Sua própria maneira e no Seu próprio tempo, o diabo quer que assumamos o controle das situações, como Abraão e Sara fizeram no Antigo Testamento.

TRANSFERINDO A RESPONSABILIDADE

> Então Sarai disse a Abrão: "Caia sobre você a afronta que venho sofrendo. Coloquei minha serva em seus braços e, ago-

> ra que ela sabe que engravidou, despreza-me. Que o Senhor seja o juiz entre mim e você". Respondeu Abrão a Sarai: "Sua serva está em suas mãos. Faça com ela o que achar melhor". Então Sarai tanto maltratou Hagar que esta acabou fugindo.
>
> Gênesis 16:5-6

Na Parte 1, lemos como Sara, sem esperanças de ter um filho na velhice, sugeriu a Abraão que ele tomasse sua escrava egípcia Hagar como sua "concubina" e tivesse um filho dela. Abraão concordou e fez como Sara sugeriu.

Em Gênesis 16:5,6 vemos as consequências imediatas deste ato. Assim que Hagar viu que estava grávida de um filho de Abraão, desprezou Sara e começou a tratá-la com desdém. Sara reclamou com Abraão dizendo: "Que a responsabilidade por esta situação terrível recaia sobre você!"

A princípio, aquela acusação poderia parecer totalmente injusta e injustificada. Afinal, não foi ideia de Abraão ter um filho com Hagar, foi ideia de Sara. Mas de certa forma, Sara estava certa; a culpa era de Abraão. Por quê? Porque ao concordar com a sugestão de Sara, ele deixou de cumprir com a sua responsabilidade. Em vez de esperar que o Senhor produzisse sobrenaturalmente o herdeiro prometido, Abraão aliou-se à sua esposa em uma tentativa tola de produzir um herdeiro por si mesmo através do esforço puramente humano. O resultado disso foram problemas e infelicidade para a vida de todos os envolvidos: Sara, Abraão, Hagar, Ismael e Isaque.

O motivo pelo qual Abraão deixou de cumprir com a sua responsabilidade foi sua passividade. Em vez de realmente lançar sua ansiedade sobre o Senhor e confiar nele para executar Seu plano divino, Abraão seguiu em frente com o plano equivocado de sua esposa.

Geralmente, este é o nosso problema. Em vez de lançarmos nossa ansiedade sobre o Senhor, lançamos nossa responsabilidade sobre Ele. Ficamos passivos, o que em geral acontece devido à preguiça. Parece ser muito difícil para nós tomar uma posição com base na Palavra de Deus e esperar que Ele aja em nosso favor enquanto confiamos nele.

Quando Sara apareceu com a ideia de tentar gerar um filho por meio de Abraão e Hagar, Abraão aceitou-a passivamente. Mais tarde, quando Hagar engravidou e tratou Sara com crueldade, Abraão mais uma vez transferiu sua responsabilidade para outra pessoa, dizendo a Sara: "Bem, ela é sua escrava, faça o que quiser com ela."

Assim como falhou em corrigir Sara quando ela deu uma sugestão tola, Abraão também se recusou a tomar uma posição quando a sugestão dela gerou problemas na família. Em ambos os casos, ele evitou a responsabilidade que havia lhe sido dada por Deus, tentando transferi-la para sua esposa. O mesmo aconteceu com Adão no jardim do Éden.

Quando Deus questionou Adão sobre o fato de ele ter comido da árvore proibida do conhecimento do bem e do mal, a desculpa de Adão foi: "A mulher que Tu me deste — ela me deu do fruto da árvore, e eu comi" (Gênesis 3:12). Assim como Abraão, Adão tentou transferir sua responsabilidade para a esposa. Ele chegou ao ponto de dar a entender que a culpa era primeiramente de Deus por ter dado Eva a ele como esposa.

Hoje, frequentemente os homens tentam evitar aceitar sua responsabilidade transferindo-a para outra pessoa — em geral para suas esposas, ou até para Deus. Creio que o diabo fez um trabalho maravilhoso tornando os homens passivos espiritualmente, transferindo a responsabilidade pelos assuntos espirituais para as mulheres que fazem parte de suas vidas. Graças a Deus por estarmos vendo uma mudança à medida que um número cada vez maior de homens começam a buscar a Deus e a se tornar os líderes espirituais de seus casamentos e de suas famílias.

AS TRÊS ÚLTIMAS RESPONSABILIDADES

> Cuide em cumprir o ministério que você recebeu no Senhor.
>
> Colossenses 4:17

Assim, os nossos três primeiros deveres ou responsabilidades são confiar em Deus, orar sem nos preocupar e evitar as obras da carne.

Os nossos três últimos deveres ou responsabilidades são continuar obedecendo durante o tempo da espera, continuar a dar bons frutos e oferecer a Deus sacrifício de louvor. Vamos ver cada um deles separadamente.

CONTINUE OBEDECENDO

> Façam tudo o que ele lhes mandar.
>
> João 2:5

O primeiro milagre de Jesus registrado aconteceu enquanto Ele participava da celebração de um casamento. Quando o casal de noivos ficou sem vinho para servir aos convidados, Maria pediu a seu Filho que fizesse algo a respeito daquela situação, dizendo aos servos: "Façam tudo o que ele lhes mandar." Jesus ordenou que eles enchessem várias talhas grandes com água. Quando fizeram isso, Ele os orientou a retirar a água dos potes, que naquela altura havia sido transformada milagrosamente em vinho (vv. 1-11). Por causa da obediência deles a Jesus, a necessidade de muitas pessoas foi suprida naquele dia.

A primeira regra dos milagres é a obediência.

Se você está esperando um milagre em sua vida, certifique-se de plantar sementes de obediência, porque o Senhor prometeu que se fizermos isso em confiança paciente nele, finalmente colheremos: "E não nos cansemos de fazer o bem, pois no tempo próprio colheremos, se não desanimarmos" (Gálatas 6:9).

Às vezes, quando as coisas não estão acontecendo conforme achamos que deveriam, ou não recebemos resposta às nossas orações tão depressa quanto gostaríamos, pensamos: *Bem, se Deus não está fazendo nada, por que eu deveria fazer? Por que eu deveria ser obediente se isto não está dando resultado?* Nesses momentos devemos entender que Deus está sempre trabalhando. Pode ser que simplesmente não estejamos conseguindo ver, pois Ele geralmente trabalha em segredo.

A OBRA SECRETA DE DEUS

> Meus ossos não estavam escondidos de ti quando em secreto fui formado e entretecido como nas profundezas da terra. Os teus olhos viram o meu embrião; todos os dias determinados para mim foram escritos no teu livro antes de qualquer deles existir.
>
> Salmos 139:15,16

O salmista escreveu que muito antes de ele aparecer realmente neste mundo, estava sendo formado secretamente pelo Senhor.

Deus realizou uma obra perfeita sob a forma do Rei Davi de Israel, assim como está realizando uma obra perfeita em nossas vidas. Davi não apareceu neste mundo até que o Senhor determinou ser aquele o momento certo. Da mesma forma, Deus fará nascer Sua obra perfeita em nós quando souber que está tudo certo.

Embora possa parecer que Deus não está fazendo nada, Ele está trabalhando secretamente por trás dos bastidores. Talvez não possamos ouvir ou ver essa obra, mas podemos aceitá-la pela fé.

Se você quer algo para animá-lo em meio a todas as suas provações e tribulações, compre uma boa concordância bíblica e procure nela todas as referências à palavra trabalho(s), trabalha, trabalhando, etc. Imediatamente você verá que o nosso Deus é um Deus que trabalha, como Jesus disse em João 5:17: "Meu Pai continua trabalhando até hoje, e eu também estou trabalhando." Neste exato momento, enquanto você está lendo este livro, Deus está trabalhando na sua vida e na sua situação atual, e se você acredita que Ele está, "Que lhes seja feito segundo a fé que vocês têm!" (Mateus 9:29).

Se você lançou sua ansiedade sobre o Senhor e a deixou com Ele para cuidar dela, Ele está trabalhando em seu favor neste instante. Deus quer que você desamarre Suas mãos. Você faz isso se recusando a se preocupar e permanecendo no lugar secreto do Altíssimo, escondendo-se em segurança à sombra das Suas asas.

Enquanto você permanece no Senhor e descansa na Sua paz, esperando que Ele faça a parte dele, a sua parte é continuar a dar bons frutos para o Seu Reino.

CONTINUE A DAR BONS FRUTOS

> Mas bendito é o homem cuja confiança está no Senhor, cuja confiança nele está. Ele será como uma árvore plantada junto às águas e que estende as suas raízes para o ribeiro. Ela não temerá quando chegar o calor, porque as suas folhas estão sempre verdes; não ficará ansiosa no ano da seca nem deixará de dar fruto.
>
> Jeremias 17:7-8

Enquanto você e eu estivermos esperando no Senhor, precisamos dar bons frutos. Devemos ser como uma árvore plantada junto às águas, extraindo força e vida da sua fonte, pois suas raízes se aprofundam no chão. Mesmo em tempos de seca essa árvore continuará a dar bons frutos.

Se você e eu estivermos firmemente plantados em Jesus Cristo e profundamente enraizados no Seu amor (Efésios 3:17), embora possamos ter todo tipo de problemas em nossas vidas, ainda daremos o fruto do Espírito descrito em Gálatas 5:22, 23: amor, alegria (satisfação), paz, paciência (um temperamento estável, moderação), amabilidade, bondade (benevolência), fidelidade, suavidade (mansidão, humildade) e domínio próprio (comedimento, autocontrole). Contra essas coisas não há lei (que possa gerar acusação).

Às vezes parece que pensamos que pelo fato de estarmos passando por tempos difíceis, temos permissão para ficar infelizes e desagradáveis. Esse tipo de atitude e comportamento não trará a nossa resposta. A Bíblia ensina que não devemos ceder a essas "tendências malignas" (Tiago 4:6), mas sim continuar a dar frutos, dando graças e louvor a Deus mesmo em meio a circunstâncias negativas.

OFEREÇA O SACRIFÍCIO DE LOUVOR

> Por meio de Jesus, portanto, ofereçamos continuamente a Deus um sacrifício de louvor, que é fruto de lábios que confessam o seu nome.
>
> Hebreus 13:15

No Salmo 139:15,16 vimos Davi reconhecer que Deus estava trabalhando secretamente em sua vida desde antes do seu nascimento. Nos versículos 13 e 14 ele louvou o Senhor por quem Ele é e por Suas maravilhosas obras em favor dele: "Tu criaste o íntimo do meu ser e me teceste no ventre de minha mãe. Eu te louvo porque me fizeste de modo especial e admirável Tuas obras são maravilhosas! Digo isso com convicção."

É isso que devemos fazer em meio às nossas tribulações. Enquanto esperamos para ver nossas orações serem atendidas, devemos estar sempre oferecendo a Deus o fruto dos lábios que reconhecem, confessam e glorificam o Seu nome com gratidão.

Não é nossa responsabilidade nos preocuparmos, nem nos irritarmos ou tentarmos fazer o papel de Deus assumindo o controle sobre situações que deveriam ser deixadas somente nas mãos dele. Ao contrário, nossa responsabilidade é lançar nossa ansiedade sobre o Senhor, confiando nele, orando sem nos preocupar, evitar as obras da carne, continuar obedecendo, dar bons frutos e oferecer a Ele o sacrifício de louvor.

8. ISTO TAMBÉM PASSARÁ

... e será que...

Gênesis 4:14, ACF

NOS CAPÍTULOS INICIAIS DO LIVRO de Gênesis, vemos uma palavra profética de que coisas "serão" ou "acontecerão". E seja ela relacionada a algo positivo ou negativo, também vemos o cumprimento desta palavra por meio das expressões "e foi" ou "e aconteceu", que são usadas centenas de vezes ao longo de diferentes versões da Bíblia. Por exemplo, em Gênesis 39, que descreve algumas experiências de José no Egito, para onde ele foi vendido como escravo e foi levantado em segundo lugar no comando de toda a nação, expressões como "aconteceu que" e "sucedeu que" aparecem diversas vezes. O último livro da Bíblia, Apocalipse, fala daquilo que "em breve há de acontecer..." (Apocalipse 1:1).

Esse fato deveria nos fazer parar para pensar que nesta vida, o que quer que exista agora ou vá existir no futuro, não é permanente, mas temporário. Coisas "acontecem" o tempo todo para mudar as circunstâncias. A boa notícia é que, independentemente do quanto nossa situação ou perspectiva atual seja desanimadora, Deus nos garante que isso também passará.

A vida é um processo contínuo no qual tudo está mudando constantemente. Se conseguirmos captar essa verdade, ela nos ajudará a atravessar os tempos difíceis em que nos encontramos. Pensar assim também nos ajudará a não nos apegarmos demais aos bons tempos, pensando: "Se algum dia eu perder tudo, simplesmente não conseguirei viver."

Deus quer que desfrutemos tudo na vida — não apenas o nosso destino final, mas também a viagem.

APRECIE A VIAGEM!

> Assim, descobri que, para o homem, o melhor e o que vale a pena é comer, beber, e desfrutar o resultado de todo o esforço que se faz debaixo do sol durante os poucos dias de vida que Deus dá ao homem, pois essa é a sua recompensa.
>
> Eclesiastes 5:18

Anos atrás, a igreja à qual meu marido e eu pertencíamos na época ofereceu um curso bíblico de nove meses intitulado "O Programa de Eliseu". Dave e eu nos inscrevemos nele pois achamos ser essa a vontade de Deus para começarmos nosso treinamento para o ministério. O curso era ministrado durante duas ou três noites por semana, o que era um compromisso e tanto, principalmente para Dave, pois ele trabalhava muito durante o dia.

Aquele curso parecia ser um empreendimento e tanto até o Senhor me dar uma visão sobre ter alvos e atingi-los. Na visão, vi o horizonte à minha frente, que no caso representava a conclusão do curso. À medida que eu começava a me mover em direção ao horizonte na visão, ela desaparecia da minha vista e outra visão se levantava.

O Senhor estava me mostrando que na nossa vida vamos estar sempre nos movendo em direção a algum alvo ou objetivo.

Assim que concluirmos um, outro estará lá. Nós, como crentes, estamos sempre estendendo a nossa fé na direção de alguma coisa. Tudo o que cremos que Deus fará agora pode se manifestar daqui a um ano, mas àquela altura, estaremos crendo que Deus fará outra coisa. O Senhor estava me ensinando que se vamos passar toda a nossa vida esperando por algo, devemos aprender a desfrutar a vida enquanto ela se desenrola. Se não fizermos isso, a vida passará e nunca desfrutaremos o momento presente.

NÃO DESPREZE O DIA DAS PEQUENAS COISAS

Ora, quem despreza o dia das coisas pequenas?

Zacarias 4:10, AA

Desperdicei anos sendo infeliz no momento presente, esperando chegar ao próximo horizonte antes de começar a realmente desfrutar a vida.

Quando olho para trás, para os primeiros dias do meu ministério, posso me lembrar do "dia das pequenas coisas". Quando comecei, minhas reuniões só atraíam uma pequena quantidade de pessoas, talvez cinquenta no máximo. É tão difícil pregar para cinquenta pessoas quanto para cinco mil, então eu precisava investir o mesmo tempo e esforço em meus estudos que invisto agora.

Quando a minha equipe ministerial começou a viajar, precisávamos de um veículo para nos transportar e levar nosso equipamento de um lugar para outro. A primeira camionete que compramos nos custou vinte e seis mil dólares. Ela tinha pneus carecas e marcas de ferrugem. Saíamos de St. Louis, Missouri, nossa cidade natal, e fomos para um lugarejo em Illinois chamado Quincy, onde havia de 70 a 125 pessoas assistindo à nossa reunião.

Como não tínhamos dinheiro suficiente para passar a noite em um hotel, precisávamos dirigir e voltar para casa na mesma noite depois do encerramento dos cultos. Geralmente voltávamos por volta das três horas da manhã. A caminho de casa, estávamos tão cansados que tínhamos de encostar ao lado da estrada e dormir por dez ou quinze minutos antes de continuar dirigindo.

Eu detestava aqueles dias, mas agora posso perceber o seu valor. Eles foram importantes, pois foram tempos de preparação para os dias melhores que o Senhor sabia que estariam por vir. Creio sinceramente que meu ministério não teria crescido até o ponto de alcançar tantas pessoas como alcança hoje se eu não tivesse sido fiel o suficiente para avançar em meio às dificuldades daqueles primeiros tempos.

É triste que hoje muitas vezes as pessoas desistam nos tempos difíceis e nunca cheguem a desfrutar o resultado de todo o seu trabalho.

É fácil começar algo, mas é muito mais difícil terminar. No início, estamos cheios de animação, e geralmente recebemos todo tipo de apoio entusiasmado. Todos nos animam. Mas à medida que os dias passam e a grande e gloriosa causa se torna uma questão de trabalho árduo diário e constante, geralmente somos deixados sozinhos sem ninguém para nos apoiar e nos incentivar a não ser nós mesmos e Deus. Nessa hora precisamos decidir se vamos continuar até o fim. É quando precisamos entender também que tudo que estamos enfrentando naquele momento um dia passará e então usufruiremos o fruto do nosso trabalho. Nesse meio tempo, precisamos apreciar o momento presente enquanto estamos a caminho do nosso futuro.

"ISSO É TUDO, PONTO-FINAL!"

> Seis dias depois tomou Jesus consigo a Pedro, a Tiago, e a João, e os levou à parte sós, a um alto monte; e foi transfigurado diante deles; as suas vestes tornaram-se resplande-

> centes, extremamente brancas, tais como nenhum lavandeiro sobre a terra as poderia branquear.
>
> E apareceu-lhes Elias com Moisés, e falavam com Jesus. Pedro, tomando a palavra, disse a Jesus: Mestre, bom é estarmos aqui; façamos, pois, três cabanas, uma para ti, outra para Moisés, e outra para Elias. Pois não sabia o que havia de dizer, porque ficaram atemorizados.
>
> Marcos 9:2-6, AA

Fico muito animada quando leio a respeito de Pedro. Quem mais teria tido a audácia de falar em uma situação como aquela? Ninguém a não ser Pedro — e talvez eu.

Você pode imaginar a cena? Jesus se transfigurando diante dos olhos dos discípulos atônitos e conversando com Elias e Moisés — e Pedro "entra na conversa". No seu entusiasmo tagarela e esfuziante, ele se oferece para construir tendas para os três. Embora ele não soubesse realmente que estava dizendo isso, o que Pedro queria dizer era: "Isso é tudo, ponto-final! Não há nenhum outro lugar para irmos além deste! Isto aqui é maravilhoso! Vamos acampar aqui mesmo!"

Foi exatamente nisso que pensei quando recebi o batismo no Espírito Santo: "Isto é tudo, ponto-final aí! Não há nada além disso!" Mas logo descobri haver outras coisas que Deus ainda queria fazer em minha vida.

É interessante o fato de nos Evangelhos nunca vermos Jesus dizendo: "Isto é tudo, *ponto-final*!" Em vez disso, o que sempre o vemos dizer é "Isto é *o que* foi profetizado e agora aconteceu." E depois Ele segue em frente.

Um dos nossos problemas é que ficamos aprisionados na mentalidade do "Isso é tudo, ponto-final!" Gostamos de pensar que as circunstâncias, principalmente as agradáveis, nunca vão mudar. Quando alcançamos uma vitória, gostamos de pensar que este é o fim dos nossos problemas e que jamais precisaremos lutar em outra batalha. Mas o Senhor está tentando nos dizer que as coisas não são assim. Assim que superarmos um problema, teremos outro para superar.

Uma estação sempre leva a outra.

Se a situação em que nos encontramos no momento não é muito agradável, pelo menos ela nos preparará para a próxima situação, que pode ser mais do nosso agrado. Da mesma forma, uma situação agradável pode precisar mudar por algum tempo para que possamos estar preparados para algo ainda melhor. Isso aconteceu comigo na minha vida.

Eu tinha um emprego em uma igreja em St. Louis, e achava que jamais o deixaria. Eu fazia parte daquele pequeno grupo de pessoas que amei e admirei tanto por muito tempo. O meu nome estava na porta do meu gabinete e na minha vaga de estacionamento; além disso, eu tinha um lugar na primeira fila do templo. Eu me sentia importante! Ficaria extremamente contente em permanecer ali pelo restante da minha vida — mas Deus tinha outras ideias para mim.

Por isso, foi difícil deixar aquele lugar e aquela situação que eu amava tanto, mas agora vejo o cumprimento do plano de Deus fazendo com que eu desistisse de tudo para seguir em frente com Ele.

Quando o Senhor me chamou para sair daquela igreja e entrar para o ministério independente, a princípio as coisas não correram nada bem. Deixei uma posição confortável em um ambiente estável para ficar percorrendo áreas rurais em uma camionete enferrujada com quatro pneus carecas, sem dinheiro, sem lugar para dormir à noite — e o número de pessoas que aparecia para me ouvir nem sempre era tão grande.

Lembro-me de um lugar em que preguei onde o número total de ouvintes não passava de vinte pessoas — e todas pareciam estar mortas. Senti-me como se estivesse pregando em um enterro. Na verdade, estive em enterros que eram mais animados do que aquele culto.

Era muito desanimador ficar de pé e tentar dizer àquele punhado de pessoas indiferentes algo que fosse fazer diferença na vida delas. Finalmente, quando o culto terminou, pensei em voltar à mesa onde as fitas ficavam expostas e me animar ao ver quantas fitas haviam sido vendidas durante a reunião.

— Você vendeu muitas fitas? — Perguntei a Dave, que estava cuidando da mesa.

— Não — Ele respondeu — mas uma pessoa devolveu uma.

Naquele culto desencorajador, eu não apenas senti que não havia alcançado a minha plateia escassa, como também não havia vendido uma única fita de ensino. MAS ALGUÉM DEVOLVEU UMA FITA! Que insulto! Fiquei tão desanimada e constrangida que queria sair correndo para me esconder. Senti vontade de desistir.

A igreja também havia programado um jantar para mim depois do culto em um restaurante local. Convidaram a equipe da igreja e outras pessoas que conheciam, além de Dave e eu. Quando chegamos ao restaurante, somente 40% das pessoas que eles haviam convidado compareceram. Até o jantar foi um fracasso. Eu não conseguia entender naquela época por que aquelas coisas tinham de acontecer. Por que, Deus, por quê?

Mais tarde, entendi que tudo aquilo tinha de acontecer para me preparar para o que hoje está ocorrendo em meu ministério. Agora estamos desfrutando de um sucesso fenomenal e de um crescimento explosivo. Antes que eu pudesse usufruir o fruto do meu trabalho para o Senhor, era necessário que eu passasse por algumas situações difíceis. Esses tempos de provação nos ajudam a ficar mais profundamente enraizados em Deus. Eles trabalham a humildade em nós e fazem com que sejamos muito gratos quando as bênçãos vêm. Precisei crescer e amadurecer. Como todos os filhos de Deus, foi necessário que eu passasse por um pouco de treinamento, de correção e de disciplina.

AQUELE A QUEM DEUS AMA, ELE DISCIPLINA

> Suportem as dificuldades, recebendo-as como disciplina; Deus os trata como filhos. Ora, qual o filho que não é disciplinado por seu pai? Se vocês não são disciplinados, e a disciplina é para todos os filhos, então vocês não são filhos legítimos, mas sim ilegítimos. Além disso, tínhamos pais humanos que nos disciplinavam, e nós os respeitávamos.
>
> Quanto mais devemos submeter-nos ao Pai dos espíritos, para assim vivermos! Nossos pais nos disciplinavam por curto período, segundo lhes parecia melhor; mas Deus nos disciplina para o nosso bem, para que participemos da sua santidade. Nenhuma disciplina parece ser motivo de alegria no momento, mas sim de tristeza. Mais tarde, porém, produz fruto de justiça e paz para aqueles que por ela foram exercitados.
>
> Hebreus 12:7-11

No versículo 11, observe a expressão "Mais tarde, porém...". Nenhum treinamento, correção ou disciplina parece agradável no momento em que está sendo aplicado, *mais tarde, porém,* passamos a apreciá-lo.

AS PROMESSAS DE DEUS

> Porque ele me ama, eu o resgatarei; eu o protegerei, pois conhece o meu nome. Ele clamará a mim, e eu lhe darei

> resposta, e na adversidade estarei com ele; vou livrá-lo e cobri-lo de honra. Vida longa eu lhe darei, e lhe mostrarei a minha salvação.
>
> Salmos 91:14-16

Nesta passagem, Deus nos promete três coisas se estivermos com problemas: 1) Ele estará conosco, 2) Ele nos livrará e nos honrará, e 3) Ele nos concederá vida longa e nos mostrará a Sua salvação.

Creio que a mensagem que o Senhor está nos dando nestes versículos é simplesmente esta: "Não importa o que você esteja passando neste momento, mais cedo ou mais tarde isso passará; algum dia terminará. Nesse meio tempo, lance os seus cuidados sobre mim e confie em mim para resolver tudo da melhor maneira."

ISTO TAMBÉM PASSARÁ

> O céu e a terra passarão, mas as minhas palavras jamais passarão.
>
> Marcos 13:31

Quando meus três filhos eram pequenos, achei que eles me deixariam louca, principalmente minha filha Laura.

Eu era a Sra. Limpinha e Certinha. Para mim, havia lugar para tudo e tudo precisava ficar no seu lugar. Laura não era assim, nem um pouco. A personalidade dela era totalmente diferente da minha. No instante em que entrava em casa, um dos sapatos dela voava para um lado, e o outro sapato voava para o outro. Da porta da frente em diante, ela começava a espalhar as chaves do carro, a bolsa, os livros e as roupas pela casa. Se eu quisesse saber onde Laura estava, tudo que precisava fazer era seguir a trilha das suas coisas pela casa.

Mas no decorrer do tempo Laura cresceu, casou-se e formou uma família. Quando passou a ter a sua própria casa, ela descobriu que se não arrumasse a sua bagunça, ela ficaria ali para sempre. O resultado foi que "isto passou" e ela começou a arrumar aquilo que desarrumava.

Agora, quando vou visitá-la, tudo está limpo e arrumado. Temos um relacionamento maravilhoso. Ela é uma de minhas melhores amigas, e passamos muito tempo juntas.

Mas quando ela era mais nova, eu pensava: "Não suporto isto!" Quantas vezes eu disse ao Senhor: "Pai, Tu precisas fazer alguma coisa com relação a essa minha filha. Precisas transformá-la!" Desde então, aprendi que Deus nem sempre transforma as pessoas que queremos que Ele transforme; em vez disso, Ele costuma usar essas pessoas para nos transformar.

Por fim, entendi que aquilo que acreditamos ser o nosso pior inimigo, muitas vezes, na verdade é o nosso melhor amigo. No meu caso, foram aqueles anos difíceis, os anos que agora "passaram". Eu achava que aqueles anos nunca mais terminariam, mas terminaram, e me transformaram em uma pessoa melhor. Deus usa as coisas que achamos serem difíceis demais de suportar, para nos transformar.

Uma vez, certa mulher me procurou irritada, pois estava grávida e já tinha uma casa cheia de filhos. Por ser uma cristã, ela queria fazer a vontade de Deus, mas não queria ter aquele bebê. Ela estava realmente perturbada.

"Isto também passará", eu disse a ela. "Pense nisto: daqui a alguns meses você terá um lindo bebê, e você vai amá-lo tanto que tudo ficará bem".

Parece que aquilo foi suficiente para resolver a sua questão.

Às vezes, precisamos olhar para frente com os olhos da fé, para um momento mais adiante, quando a situação estará resolvida.

Quando Deus estiver tratando com você, não olhe para o treinamento, a correção e a disciplina pela qual você está passando no momento. Olhe para o fruto que você vai produzir "depois". Quando não perceber a manifestação das suas orações, entenda que Deus está edificando fé em você, e "depois" essa mesma fé será usada para levá-lo a uma esfera de bênção ainda maior.

Meu marido aprecia tanto a vida que costumava me irritar. Durante os primeiros anos do nosso casamento, ele estava sempre feliz, ao passo que eu estava sempre furiosa. Quando ficava furiosa, eu me recusava a falar. Ele me dizia: "Joyce, é melhor você falar comigo, pois a esta hora na semana que vem você já vai estar falando comigo de qualquer jeito."

Em outras palavras, o que ele estava dizendo era: "Isto também passará."

Enquanto eu estava preparando esta mensagem, Dave me disse:

— Joyce, você sabe como eu consegui passar por aqueles primeiros anos do nosso casamento?

— Como? — Perguntei.

— Eu simplesmente me lembrava de que havia pedido a Deus uma esposa — ele me dizia. — E eu pedi a Ele que me desse alguém que precisasse de ajuda!

O mais engraçado é que três semanas depois de nos casarmos, Dave olhou para mim e perguntou: "Qual é o seu problema?"

Na verdade, havia realmente muitas coisas erradas comigo. Pelo fato de eu ter sofrido abuso quando era criança, eu enfrentava todo tipo de problema. Mas eu realmente não achava que havia nada de errado comigo. Pensava que todo mundo tinha problemas, mas eu não. Então, quando Dave fazia algo que eu não gostava, eu me recusava a falar com ele. Essa era a minha maneira de tentar controlar nosso relacionamento, o que também era parte do meu problema — eu achava que precisava estar sempre no controle de tudo em minha vida.

Mais tarde, Dave me contou como ele atravessou aqueles tempos de provação comigo: ele permaneceu dizendo a si mesmo: "Dentro de três dias ela não estará mais assim; dentro de mais quatro dias elas estará diferente; daqui a um ano Deus a terá transformado."

Novamente, a mensagem dele para si mesmo era: "Isto também passará."

UM TEMPO PARA TUDO

> Para tudo há uma ocasião certa; há um tempo certo para cada propósito debaixo do céu.
>
> Eclesiastes 3:1

Deus me mostrou que o diabo nos oferece *duas* mentiras: a mentira do *para sempre* e a mentira do *nunca*. Ele nos diz que as coisas negativas em nossas vidas ficarão assim para sempre; depois, com relação às coisas positivas, ele quer nos convencer de que se algum dia elas mudarem, não conseguiremos suportar. Estas duas mentiras geram medo em nosso coração. Nenhuma delas é verdadeira, pois, mais cedo ou mais tarde, tudo muda. Se continuarmos a crer em Deus e a colocar a nossa confiança nele, as coisas ruins finalmente cederão lugar a coisas melhores.

Quando experimentamos coisas boas acontecendo em nossas vidas, elas podem não continuar assim exatamente para sempre. Podemos passar por outro momento difícil, mas no final, através de Cristo, a dificuldade será transformada em tempos ainda melhores que aqueles vividos anteriormente.

Por exemplo: se você nunca tirou férias, o diabo quer que você acredite que nunca conseguirá fazer isso. Por outro lado, se você está de férias e está aproveitando-as, o inimigo quer que você sinta "pânico" só de pensar em voltar para o trabalho. Ele quer convencê-lo de que as coisas nunca vão mudar, e se você acreditar nas mentiras dele, não estará pronto para as mudanças que com certeza virão.

Sim, tudo está sempre mudando. Às vezes essas mudanças são empolgantes — às vezes são difíceis. Mas Jesus nunca muda — e enquanto mantivermos os nossos olhos nele, conseguiremos atravessar as mudanças em nossas vidas e continuar crescendo de glória em glória.

O salmista nos adverte: "... se as suas riquezas aumentam, não ponham nelas o coração" (Salmos 62:10). E o escritor de Provérbios acrescenta: "Pois as riquezas não duram para sempre, e nada garante que a coroa passe de uma geração a outra" (Provérbios 27:24). Em outras palavras, nada dura para sempre, tudo muda, isto também passará.

Quando a Bíblia nos diz que não devemos colocar nosso coração nas coisas deste mundo, significa que não devemos nos envolver demais com nada nesta vida. Isso inclui não apenas o nosso dinheiro — nossos bens, contas bancárias, investimentos, fundos de aposentadoria, etc. — significa também nosso emprego, nossas propriedades, e até o nosso cônjuge e a nossa família.

Como crentes, a nossa ligação deve ser com o Senhor apenas e não com alguém ou com alguma coisa. Devemos desfrutar o que temos enquanto o temos, mas não devemos nunca chegar ao ponto de achar que não podemos viver sem aquilo.

Um dia, o Senhor precisou tratar comigo neste aspecto com relação a meu marido. Naquela época, eu havia me tornado muito dependente de Dave. Ele sempre foi muito bom para mim, ajudando-me muito no meu ministério, bem como em minha vida pessoal.

Quando comecei a perceber o quanto havia me tornado dependente dele, o medo foi tomando conta do meu coração, enquanto me perguntava o que faria se algo acontecesse com ele.

Estava tão angustiada que busquei o Senhor em oração, perguntando: "Pai, o que está acontecendo comigo? Dave vai morrer e Tu estás me preparando para isso, ou o diabo está tentando me assustar com essa possibilidade?"

Quanto mais eu pensava no assunto, mais perturbada ficava; *Oh, Deus*, pensava, *o que eu faria sem Dave? Acho que não conseguiria suportar!*

Finalmente, Deus falou comigo e disse: "Vou lhe dizer o que você faria se o Dave morresse: faria exatamente o que está fazendo agora, pois não é ele que está sustentando você, sou Eu."

Deus não estava tentando cavar um abismo entre Dave e eu, mas até em um relacionamento matrimonial que dure até a morte ou até o soar da última trombeta, existe uma linha tênue que não deve ser atravessada. Fazer isso é atrair o desastre. Precisamos ter em mente quem está na verdade nos mantendo de pé e nos sustentando.

Estou desfrutando o meu ministério neste momento. Muitas coisas boas estão acontecendo. Temos vivido um período de crescimento. É muito gratificante olhar para trás, para aqueles tempos em que viajávamos pelas áreas rurais em uma camionete velha com pneus carecas e para-choques enferrujados, dormindo no acostamento, fazendo reuniões para um punhado de pessoas meio-mortas, indo até a mesa de venda de fitas para descobrir que elas estavam devolvendo as fitas em vez de comprá-las. Tudo isso mostra o quanto Deus nos levou a percorrer, e somos gratos a Ele por esse progresso e crescimento. Mas não achamos que chegamos lá. O nosso objetivo é estar sempre evoluindo.

Dave diz: "Não quero que sejamos uma estrela cadente, um daqueles ministérios que voa como um foguete, e depois explode e desaparece." Nem eu. Nós decidimos passar tempo com Deus e permanecer sensíveis à Sua voz, para podermos ser obedientes à Sua direção. Assim, continuaremos a ministrar da maneira que Ele deseja e a alcançar as pessoas com as mensagens que Ele nos dá.

Ninguém sabe o que Deus vai fazer com sua vida. Eu não sei exatamente o que Ele vai fazer comigo. Quando estava trabalhando naquela igreja em St. Louis, eu achava que ficaria ali para sempre. Mas então, um dia o Senhor me disse: "O seu tempo aqui acabou." Deus podia saber que o meu tempo ali havia acabado, mas eu não. Fiquei ali por mais um ano inteiro, até a unção começar a me abandonar. Com essa experiência, aprendi que quando Deus termina algo, Ele termina e pronto — e nós também devemos fazer o mesmo.

Certa vez li um livro sobre um homem que era um intercessor.[1] De vez em quando ao longo de sua vida ele era chamado para ir a um determinado lugar e começar uma nova obra para o Senhor. Então, mais tarde, Deus lhe dizia: "O seu tempo aqui acabou." O Senhor o direcionava a parar e interceder por algum tempo. Então o homem deixava a sua obra e ia para algum lugar sozinho. Ninguém ouvia falar dele por meses ou mesmo anos seguidos, até que o Senhor o chamava para fazer algo novo.

Não existem muitas pessoas que são tão flexíveis e maleáveis nas mãos do Senhor, pois ficam demasiadamente ligadas às coisas e situações. Algo que o Senhor está nos dizendo hoje é: "Desligue-se das coisas às quais você está ligado."

Precisamos nos lembrar de que somos mordomos do que Deus nos deu, e não proprietários. O ministério no qual estou envolvida não é meu ministério, é o ministério de Deus. Se Ele algum dia decidir que o tempo acabou para este ministério, ele chegará ao fim. Espero que não aconteça, nem planejo dessa forma, mas sei que preciso estar sempre preparada para seguir em frente com Deus se isso acontecer.

Não devemos ficar apegados demais às pessoas ou às coisas. Precisamos estar sempre livres para nos movermos com o Espírito. Há um tempo para tudo em nossas vidas, e quando esse tempo termina, precisamos deixá-lo para trás. Frequentemente tentamos nos agarrar ao passado, quando Deus está dizendo: "É hora de seguir em frente para algo novo."

Se Deus diz que o seu tempo de envolvimento em alguma aérea da sua vida acabou, deixe esse tempo para trás. Espere por coisas novas e permita que elas "aconteçam". Não viva no passado quando Deus tem um novo tempo para você. Deixe o que ficou para trás e prossiga para o que está à frente (Filipenses 3:13, 14). Se Deus não está mais em determinada situação, você não ficará mais feliz com ela. Estenda a mão para esse novo horizonte que Deus tem para você. Foi isso que Abraão fez — e Deus o abençoou por isso.

"ISTO É AQUILO!"

> Então o Senhor disse a Abrão: "Saia da sua terra, do meio dos seus parentes e da casa de seu pai, e vá para a terra que eu lhe mostrarei. Farei de você um grande povo, e o abençoarei. Tornarei famoso o seu nome, e você será uma bênção. Abençoarei os que o abençoarem, e amaldiçoarei os que o amaldiçoarem; e por meio de você todos os povos da terra serão abençoados".
>
> Partiu Abrão, como lhe ordenara o Senhor...
>
> Gênesis 12:1-4

Deus falou com Abraão e lhe disse para deixar seu país, sua casa e seus parentes, e ir para um lugar que Ele lhe mostraria. Deus fez isso comigo quando me disse para sair daquela igreja em St. Louis. A diferença é que Abraão obedeceu imediatamente, ao passo que eu demorei a obedecer.

Deus me disse: "Vá, e Eu lhe mostrarei", e eu disse: "Não, primeiro o Senhor me mostra e depois eu vou." Discutimos durante algum tempo porque eu não queria deixar o emprego que tinha naquela época. Pensei: "Não pode haver nada melhor que isto — *isto é tudo* e ponto-final." Mas Deus estava me dizendo: "Não, *aquilo* é que é bom."

Em um dado momento de minha vida, aquele emprego era "o" emprego. Mas agora o Senhor estava me dizendo que ele precisava ficar para trás, pois era tempo de seguir em frente em direção a outra coisa.

Olho para trás, lembrando-me daqueles com quem eu tive uma comunhão tão próxima naqueles dias, e me lembro de todas as coisas que costumávamos fazer juntos. Eles ainda estão fazendo essas coisas, mas eu não faço mais parte daquele grupo. Aquelas pessoas ainda me amam, e eu ainda as amo, mas nosso relacionamento é diferente. Isso significa que foi errado eu ter passado aquele tempo ali? Não, significa apenas que Deus pôs um ponto-final naquele período da minha vida.

Precisamos nos lembrar de que existem fases diferentes em nossas vidas e deixar Deus fazer o que Ele quer fazer em cada uma delas. Precisamos parar de tentar encontrar algo que seja definitivo e nunca mude. Tudo muda o tempo todo, e nós também devemos mudar.

É muito mais fácil lançarmos nossos cuidados sobre Ele quando sabemos que "isto também passará". Até as coisas boas da vida que apreciamos tanto nem sempre ficarão como estão no momento. Não estou sendo negativa ou fatalista. Estou apenas tentando deixar claro que precisamos tomar cuidado para não ficarmos apegados demais a ninguém ou a coisa alguma nesta vida mais do que somos apegados a Deus e à Sua vontade e ao Seu plano para nós.

PERMITA QUE DEUS O TRANSFORME

> Estando ele em Betânia, reclinado à mesa em casa de Simão, o leproso, veio uma mulher que trazia um vaso de alabastro

> cheio de bálsamo de nardo puro, de grande preço; e, quebrando o vaso, derramou-lhe sobre a cabeça o bálsamo.
>
> Marcos 14:3, AA

Costumamos ter medo de nos quebrantarmos, mas se o nosso homem exterior se quebrantar, coisas poderosas que estão dentro de nós poderão sair. O perfume do Espírito Santo está dentro de nós, mas o vaso de alabastro, que é a carne, precisa ser quebrado para que essa doce fragrância seja liberada.

Para liberar completamente o poder do Espírito Santo dentro de nós, precisamos permitir que Deus trate e faça conosco o que Ele quiser. Precisamos aprender a depender dele e a confiar nele completamente, sabendo que tudo na vida muda.

Na Roma Antiga, sempre que um general romano voltava vitorioso da guerra, ele era levado pelas ruas, que estavam tomadas por multidões que celebravam proclamando: "Salve, ao herói vencedor!" Na carruagem ao lado do herói havia sempre um escravo parado que segurava uma coroa de ouro incrustada de pedras preciosas sobre a cabeça do general. Mas à medida que eles iam seguindo em frente, o trabalho do escravo era sussurrar sem parar aos ouvidos do herói: "Olhe para trás" ou "Lembre-se de que você é mortal".[2] Isso era feito para impedir que ele se tornasse orgulhoso demais, lembrando-lhe de que "Isto também passará".

É isso que Deus faz conosco. Ele nos dá o Seu Santo Espírito, nos enche dele e nos capacita para nos usar como uma bênção para outros. Mas Ele também envia o Seu Espírito para nos lembrar de que "isto também passará".

Se você e eu queremos ter estabilidade em nossas vidas, precisamos parar de procurar uma coisa que seja "definitiva". Precisamos nos lembrar de que a vida é um processo contínuo no qual tudo está mudando constantemente — inclusive nós. Precisamos colocar nossa esperança não nas coisas deste mundo, mas no Senhor, porque Ele é a única coisa neste mundo que não muda. Ele é o mesmo ontem, hoje e eternamente (Hebreus 13:8).

MANTENDO O EQUILÍBRIO

> Não digo isto como por necessidade, porque já aprendi a contentar-me com o que tenho.
>
> Sei estar abatido, e sei também ter abundância; em toda a maneira, e em todas as coisas estou instruído, tanto a ter fartura, como a ter fome; tanto a ter abundância, como a padecer necessidade. Posso todas as coisas em Cristo que me fortalece.
>
> Filipenses 4:11-13, ACF

Estabilidade é maturidade. Crescer em Deus é chegar ao ponto de poder estar contente independentemente da situação ou das circunstâncias, pois estamos firmados e fundamentados não em coisas, mas no Senhor.

Paulo era emocional e espiritualmente maduro, pois sabia que qualquer que fosse o estado em que ele se encontrasse naquele momento, aquilo também passaria. No versículo 12 ele disse que havia aprendido o segredo de enfrentar cada situação em sua vida, fosse ela boa ou má.

Um dia, enquanto eu lia esse versículo, o Senhor falou comigo e disse: "É assim que eu mantenho o equilíbrio do Meu povo." Ele me mostrou que se nunca precisássemos esperar por nada, se tudo sempre corresse como queremos, quando queremos, logo nos tornaríamos mimados e frágeis. Acharíamos que qualquer pessoa que não estivesse sendo tão abençoada quanto nós estaria fazendo algo de errado. Tentaríamos o tempo todo dar "lições de vitória" a essa pessoa.

Devemos estar vigilantes no que diz respeito ao orgulho espiritual. Precisamos não nos considerar superiores aos outros (Romanos 12:3). Precisamos nos lembrar de que todas as bênçãos vêm de Deus e não dos nossos esforços ou da nossa santidade. Nunca devemos pensar que chegamos lá. Precisamos nos lembrar de que o orgulho precede a destruição, e que um espírito arrogante precede a queda (Provérbios 16:18).

Deus quer que o Seu povo se mantenha equilibrado. Ele quer nos abençoar e ser bom conosco. Quer nos usar como vasos através dos quais o Seu Espírito Santo possa operar. Mas para fazer isso, Ele precisa nos ensinar como lidar com novas dimensões de bênçãos sem desenvolvermos uma atitude errada.

É por isso que podemos desfrutar de bênçãos maravilhosas por algum tempo, e depois, de uma hora para outra, experimentar uma série de reveses. Deus permite que isso aconteça conosco ocasionalmente para que possamos aprender a manter as coisas na perspectiva correta. Ele sabe que se tivermos bênçãos demais, nos tornaremos pessoas mimadas e orgulhosas. Sabe também que se enfrentarmos constantemente maus momentos ficaremos desanimados e deprimidos. Por isso é tão importante lembrar que independentemente do que atravessar o nosso caminho, "Isso também passará". É por isso que precisamos aprender a lançar tudo sobre o Senhor, sabendo que nada — seja bom ou mau — dura para sempre.

SIMPLESMENTE ATRAVESSANDO!

> Ainda que eu ande pelo vale da sombra da morte, não temerei mal algum, porque tu estás comigo; a tua vara e o teu cajado me consolam.
>
> Salmos 23:4, AA

O Salmista Davi disse que ele andou pelo vale da sombra da morte. É isso que devemos fazer. Em todas as situações e circunstâncias desta vida, precisamos nos lembrar de que estamos apenas de passagem. Seja o que for que esteja acontecendo conosco no momento, com o tempo, isso também passará.

Precisamos estar cientes da rapidez com que as coisas podem mudar. Embora às vezes elas possam parecer agonizantemente lentas, mais tarde, quando olharmos para trás, poderemos ver que acabou não demorando tanto quanto parecia.

Quando o diabo tenta sussurrar em nossos ouvidos: "As coisas nunca vão mudar, tudo vai continuar assim para sempre; você está preso em uma armadilha!" Devemos lhe dizer: "Você está errado! As coisas podem estar assim agora, se elas vão mudar ou não, não faz diferença para mim — eu estou apenas passando por aqui!"

Em Isaías 43:2, o Senhor nos prometeu: "Quando você atravessar as águas, eu estarei com você; e, quando você atravessar os rios, eles não o encobrirão. Quando você andar através do fogo, você não se queimará; as chamas não o deixarão em brasas."

Sadraque, Mesaque e Abede-Nego, os três rapazes hebreus, foram lançados na fornalha ardente pelo rei Nabucodonosor. Mas pelo fato de eles terem confiado suas vidas ao Senhor, não ficaram ali para serem consumidos pelas chamas. Eles passaram por elas em direção à vitória (Daniel 3). Daniel foi lançado na cova dos leões, mas *passou* por essa experiência ileso (Daniel 6).

No Salmo 91:15 vimos que o Senhor promete o mesmo tipo de proteção e livramento a todos que colocarem sua fé e confiança nele.

ESTAMOS SENDO TRANSFORMADOS

> E todos nós, que com a face descoberta contemplamos a glória do Senhor, segundo a sua imagem estamos sendo trans-

formados com glória cada vez maior, a qual vem do Senhor, que é o Espírito.

2 Coríntios 3:18

Uma das coisas que o diabo quer que acreditemos é que jamais vamos mudar. Mas não é isso que a Bíblia nos diz. A versão King James deste versículo diz que à medida que contemplamos a glória de Deus nós... "somos transformados de glória em glória na mesma imagem, como pelo Espírito do Senhor."

A palavra grega traduzida como *transfigurados* ou *transformados* neste versículo é *metamorphoo,* que significa "transformar".[3] Desta palavra grega vem a palavra *metamorfose*, que significa uma mudança completa de uma coisa em outra totalmente diferente, como quando uma lagarta entra em um casulo como uma minhoca e mais tarde sai como uma borboleta.[4]

Antes de entrar no casulo, a lagarta precisa rastejar lentamente e com esforço pelo chão ou por uma folha ou galho para se mover de um lugar para o outro. Mas depois ela constrói um casulo e rasteja para dentro dele por algum tempo. Quando ela sai desse casulo, está totalmente transformada. Ela se transformou em uma borboleta, uma das criaturas mais livres de Deus e pode voar pelo ar com lindas asas. Mas a saída desse casulo é uma luta, um esforço necessário para sua plena transformação e desenvolvimento.

Certa vez, li sobre um homem que viu uma borboleta lutando para sair de um casulo. Comovido pela compaixão, o homem decidiu ajudar a pobre criatura, então ele rompeu o casulo e retirou a borboleta em desenvolvimento. Em questão de minutos, a criaturinha enfraquecida se enroscou e morreu.

Se não tivéssemos de lutar em algumas situações, jamais desenvolveríamos a força e o vigor que precisamos para sobreviver neste mundo.

Eu costumava reclamar com Deus, perguntando-lhe por que não me ajudava no meu ministério. Eu não entendia que estava lutando para sair do meu próprio casulo. Deus poderia ter me ajudado, mas se tivesse feito isso, meu ministério teria enfraquecido e morrido.

Deus costuma operar através das lutas. Mas às vezes Ele também opera através do que chamo de "de repente".

O "DE REPENTE" DE DEUS

> Vejam, eu enviarei o meu mensageiro, que preparará o caminho diante de mim. E então, de repente, o Senhor que vocês buscam virá para o seu templo; o mensageiro da aliança, aquele que vocês desejam, virá, diz o Senhor dos Exércitos.
>
> Malaquias 3:1

Todos nós gostamos do "de repente", e à medida que nos aproximamos do fim dos tempos, a Bíblia nos promete um período de "de repentes".

Por exemplo, em 1 Coríntios 15:51, 52, Paulo nos exorta: "Eis que eu lhes digo um mistério: nem todos dormiremos, mas todos seremos transformados, num momento, num abrir e fechar de olhos, ao som da última trombeta. Pois a trombeta soará, os mortos ressuscitarão incorruptíveis e nós seremos transformados."

Quando Jesus voltar a esta terra para nos levar para si, seremos transformados "num momento, num abrir e fechar de olhos" — em outras palavras, *de repente*.

Você e eu não precisamos ficar desanimados em nossa caminhada com Deus, pois independentemente do que ainda precise ser feito na transformação do nosso velho homem no nosso novo homem, isso será feito *de repente* — no aparecimento de Jesus nos céus. Não vamos ficar como estamos para sempre. Se o diabo tentar nos dizer que vamos, está mentindo. Deus está neste mesmo instante no processo de nos transformar de glória em glória, e seja o que for que ainda precise ser transformado em nós, Ele um dia fará isso *de repente*.

Em Atos 2:1,2 lemos: "Chegando o dia de Pentecoste, estavam todos reunidos num só lugar. De repente veio do céu um som, como de um vento muito forte, e encheu toda a casa na qual estavam assentados."

Esta passagem prossegue descrevendo como todos os discípulos foram cheios do Espírito Santo e começaram a falar em outras línguas. Eles esperaram no aposento alto por dias. Finalmente, quando chegou a hora certa, Deus cumpriu a Sua promessa de derramar o Seu Espírito sobre eles.

Deus opera da mesma maneira repentina entre nós hoje. Nas minhas reuniões, as pessoas ficam cheias do Espírito Santo de repente, assim como muitos ficaram cheios no Dia de Pentecoste.

Uma jovem que ficou cheia do Espírito Santo em um dos meus cultos me escreveu contando sobre a experiência e o impacto que teve sobre sua vida. Ela escreveu dizendo que esteve em muitas reuniões e ficou em muitas filas para receber oração antes de ir a uma determinada conferência que eu estava organizando.

"Devia haver algum tipo de maldição sobre mim", ela explicou. "Eu sentia que você iria me chamar e ministrar sobre mim, e sem dúvida, você fez isso. Eu havia estado em reuniões como a sua por anos, e eu não sei o que aconteceu de diferente naquele dia. Só sei que quando voltei para casa eu era uma pessoa completamente diferente".

Ela prosseguiu escrevendo que depois daquela experiência seu casamento foi transformado, seu relacionamento com seus filhos mudou, a maneira de conservar sua casa também. Até a forma de ela cuidar do seu corpo ficou diferente. Já não era mais preguiçosa, mas se levantava todas as manhãs e saía para andar e se exercitar, algo que nunca havia feito antes.

O que aconteceu com ela? Deus de repente apareceu em sua vida. Agora Ele estava trabalhando a cada dia, transformando-a de glória em glória.

É assim que Deus trabalha — às vezes sobrenaturalmente e outras vezes de modo natural, às vezes de repente e outras por um período. Por isso precisamos nos levantar todos os dias com esta atitude esperançosa: "Talvez quando eu for me deitar esta noite, minhas circunstâncias estejam totalmente diferentes porque Tu, Senhor, Te moveste *de repente* em minha vida."

Em Atos 9, lemos sobre a conversão de Paulo na estrada para Damasco: "Em sua viagem, quando se aproximava de Damasco, de repente brilhou ao seu redor uma luz vinda do céu" (v. 3). O relato nos diz como Jesus apareceu a Paulo e o transformou de perseguidor da Igreja em um novo convertido que mais tarde se tornaria o principal apóstolo para os gentios.

Às vezes, quando oramos por outros que não são crentes ou não estão vivendo a sua fé, ficamos desanimados por não vermos nenhuma mudança evidente em suas atitudes ou no seu comportamento. Precisamos nos lembrar de que se Deus pôde confrontar e transformar Paulo de repente, Ele pode confrontar e transformar qualquer um. Afinal, Ele não nos confrontou e não nos transformou?

Não devemos nunca nos cansar de orar por nossos entes queridos, porque às vezes Deus opera de repente, e às vezes Ele opera durante um período. Mas Ele trabalha em resposta à oração e ao louvor, como vemos em Atos 16:25 e 26, que descreve o que aconteceu enquanto Paulo e Silas estavam cantando louvores ao Senhor na cadeia de Filipos: "Por volta da meia-noite, Paulo e Silas estavam orando e cantando hinos a Deus; os outros presos os ouviam. De repente, houve um terremoto tão violento que os alicerces da prisão foram abalados. Imediatamente todas as portas se abriram, e as correntes de todos se soltaram." Assim que o carcereiro ouviu o barulho e viu o que havia acontecido, ele desembainhou a espada para se matar, porque pensou que os prisioneiros certamente haviam escapado. Mas Paulo gritou: "Não faça mal a si mesmo, ainda estamos aqui!" Quando o carcereiro retirou Paulo e Silas da cela da prisão, a sua primeira pergunta a eles foi: "Senhores, que devo fazer para ser salvo?" (v. 30).

Que mudança. O mesmo homem que os havia espancado, acorrentado e lançado na masmorra mais profunda, agora estava lhes perguntando sobre a salvação. Quando se tornou crente, o carcereiro os levou para a sua própria casa, limpou suas feridas e lhes serviu algo para comer. Ele estava tão empolgado que "saltava muito de alegria e exultava com toda a sua família por ter crido em Deus [aceitando e alegremente dando as boas-vindas ao que Deus havia lhe revelado através de Cristo]" (v. 34, AMP).

Assim como Deus se movia na vida de todas aquelas pessoas, Ele está se movendo na sua vida neste instante. Ele pode estar se movendo de uma maneira sobrenatural ou comum. Mas Ele está se movendo em seu favor. Seja o que for que esteja acontecendo na sua vida neste instante — bom ou mau — lance tudo sobre o Senhor para conseguir "aposentar" sua ansiedade.

9. APOSENTE-SE DA TAREFA DE CUIDAR DE SI MESMO

Responderam eles: Crê no Senhor Jesus Cristo e serás salvo...
Atos 16:31, AA

FOI ISSO QUE PAULO E SILAS disseram ao carcereiro filipense que lhes perguntou: "O que devo fazer para ser salvo?" É isto que a salvação realmente significa — nos entregarmos a Deus, aposentando nossa própria ansiedade, e confiando nossas vidas aos Seus cuidados.

Deus quer cuidar de nós. Ele poderá fazer um trabalho muito melhor se evitarmos um problema chamado independência, que é, na verdade, o cuidado consigo mesmo. O desejo de cuidarmos de nós mesmos se baseia no medo. Ele provém basicamente da ideia de que se *nós* fizermos algo, poderemos ter certeza de que aquilo será bem feito e da maneira certa. Temos medo do que pode acontecer se confiarmos nossas vidas totalmente a Deus e Ele não vier em nosso socorro.

O principal problema da independência é confiarmos em nós mesmos mais do que em Deus.

Gostamos de ter um plano B. Podemos orar e pedir a Deus que se envolva em nossas vidas, mas se Ele demora um pouco para responder (pelo menos, do nosso ponto de vista), voltamos rapidamente a assumir o controle.

Só não percebemos que Deus tem um plano para nós também — e o plano dele é muito melhor do que o nosso.

O NOSSO PLANO *VERSUS* O PLANO DE DEUS

> Porque sou eu que conheço os planos que tenho para vocês, diz o Senhor, planos de fazê-los prosperar e não de lhes causar dano, planos de dar-lhes esperança e um futuro.
>
> Jeremias 29:11

Você já se perguntou por que às vezes parece que Deus se recusa a nos ajudar quando enfrentamos um problema? Contudo, embora Ele não venha nos ajudar a atender a nossa própria necessidade, Ele irá nos ajudar a atender a necessidade de alguma outra pessoa. O motivo disso é o fato de que Deus quer nos ajudar, mas Ele quer fazer isso do jeito dele e não do nosso — pois o nosso jeito geralmente envolve muita preocupação, irritação, racionalização, ansiedade, excesso de planejamento e de estratégias.

O Espírito Santo me fez entender este fato quando uma mulher me enviou uma carta com um testemunho maravilhoso sobre o tema "ansiedade e preocupação consigo mesma". Eu gostaria de compartilhá-lo com você por crer que ele fala a todos nós:

> Recentemente participei de sua conferência de mulheres em St. Louis sobre o Espírito Santo. Quando cheguei à conferência, eu estava ansiosa, pois minha vida não estava repre-

sentando nada para Deus, e eu estava com medo de que, não importava o que acontecesse, eu nunca viesse a ser feliz. Estava frustrada e infeliz havia cerca de um ano e precisava realmente de uma guinada em minha vida.

Durante a conferência, senti Deus me colocando de pé e tirando de mim muitas das minhas preocupações e ansiedades. Sentia-me um pouco melhor depois de cada pregação. Mas quando voltava para casa, depois de cada dia de conferência, aqueles mesmos medos e pensamentos de ansiedade me atacavam novamente.

Durante a preleção de sábado, dei uma oferta ao Senhor, orando para que Ele me libertasse de uma vez por todas. Eu sabia que Deus estava se movendo poderosamente, pois várias mulheres que estavam sentadas próximas a mim receberam libertação de suas mágoas e feridas do passado.

Por fim, depois de sua última ministração, decidi que não poderia encarar mais outro dia de ansiedade e medo. Comprei suas mensagens em áudio *Enfrentando o Medo e Encontrando Liberdade*; *Não Ande Ansioso por Coisa Alguma* e *Como Viver Contente*.[1] Eu não tinha separado dinheiro para comprá-las, então fiquei preocupada em como pagar as outras coisas para as quais eu havia planejado usar aquele dinheiro.

Você também orou por mim depois da última sessão, e me encorajou a ouvir as fitas. Bem, eu realmente senti um pequeno formigamento no estômago quando você impôs as mãos sobre mim, mas foi só isso. Depois que fui embora, coloquei uma de suas fitas no toca-fitas do carro esperando que os meus medos não me atacassem antes de eu chegar em minha casa.

Decidi parar no posto de gasolina que ficava a cerca de três minutos do hotel, e quando estava a caminho, lembrei que não tinha dinheiro algum. Então, resolvi usar meu cartão de débito, que dava acesso a uma conta que continha meu dinheiro separado para pagar o aluguel, deixando para transferir um pouco mais de dinheiro para a conta mais tarde para pagar pela gasolina.

Quando cheguei ao posto de gasolina, certifiquei-me de que aceitavam ali o tipo de cartão de crédito que eu tinha. Enchi o tanque e dei o cartão ao atendente para pagar pela gasolina. Ele foi recusado. O atendente passou o cartão três vezes, e todas as vezes meu cartão foi recusado. Eu não tinha outra forma de pagar por aquela gasolina. A esta altura eu estava suando, com a respiração ofegante e tendo visões de mim mesma vestida com o uniforme vermelho e laranja do posto, abastecendo carros para pagar pela minha despesa. Achei que minha vida estivesse acabada.

Mas então, quatro mulheres em uma camionete estacionaram no posto. Uma delas saiu e me perguntou se havia algo errado, e, naturalmente, eu lhe disse que eu estava bem e agradeci por perguntar. Imagino que o olhar de pânico em meu rosto me entregou, e ela insistiu em me ajudar. Finalmente, eu lhe disse que precisava de dinheiro para pagar a gasolina, e imediatamente ela e as outras três mulheres me entregaram dinheiro suficiente para pagar a conta, e foram embora.

Paguei a conta, voltei para o meu carro e me sentei aliviada. Assim que liguei o motor, Deus falou comigo. Só consigo lembrar que Ele disse o seguinte: "Durante a sua vida inteira, tudo que você fez foi planejar. Você se levanta de manhã, e planeja todo o seu dia. Enquanto escova os dentes, você planeja o seu dia. Durante o dia, você faz planos para a noite. Planeja o que vai comer; o que vai estudar; planeja quando vai se exercitar. Tudo que você faz o dia inteiro é planejar, planejar, planejar... Você até planejou como iria pagar a gasolina, e veja onde isso a levou."

Então Ele fez uma pausa e disse: "Eu tenho um plano."

Às vezes precisamos abrir mão do nosso plano para ouvir o plano de Deus. Creio que é sábio planejar o nosso trabalho e trabalhar no nosso plano. Mas não devemos ficar tão arraigados e firmados ao que planejamos a ponto de argumentarmos e resistirmos se Deus tentar nos mostrar uma maneira melhor de agir.

Obviamente, devemos sempre ter um plano sobre como vamos pagar as nossas contas. Mas a mulher desta história tinha um plano tão exagerado e elaborado que chegava a ser confuso. Deus estava tentando deixar claro que ela nunca desfrutaria sua vida até começar a confiar nele em um nível muito maior.

Vou para cada uma das minhas reuniões com um plano definido em mente. Mas muitas vezes Deus muda esse plano pois Ele sabe melhor do que eu o que as pessoas precisam ouvir. Se eu não for submissa à Sua vontade, não irei atender às necessidades daqueles que vieram ouvir a Palavra de Deus para eles.

Aquela mulher continuou escrevendo:

> Depois de ouvir aquilo, eu estava rindo tão alto que mal conseguia dirigir em linha reta pela estrada. É um milagre que eu tenha chegado à minha casa inteira. Durante o restante do dia, Deus continuou a me lembrar disso cada vez que eu começava a tentar planejar algo. Ele me mostrou que ao planejar o tempo todo, eu estava tentando decifrar o meu próprio futuro, e não estava dependendo inteiramente dele.

A mulher que escreveu esta carta admitiu ter um problema de independência. Deus não quer que sejamos independentes e nem dependentes uns dos outros. Ele quer que sejamos dependentes dele, pois sabe que sem Ele nada podemos fazer (João 15:5). Aquela mulher finalizou seu testemunho escrevendo:

> Deus não apenas me libertou da ansiedade, como destruiu completamente o padrão de pensamento que estava gerando

todo aquele sentimento. Desde então, Deus me deu a oportunidade de contar a diversos amigos o que me aconteceu, e Ele os tocou, e me tocou . Sou muito grata pela verdade que me libertou daquele cativeiro.

O testemunho dessa mulher contém a lição valiosa da qual todos nós precisamos lembrar continuamente: com relação a tudo que nos diz respeito, Deus tem um plano, assim como tinha para Jesus quando o enviou a este mundo para nos salvar e servir de exemplo para nós.

JESUS NÃO ERA INDEPENDENTE

> Por mim mesmo, nada posso fazer; eu julgo apenas conforme ouço, e o meu julgamento é justo, pois não procuro agradar a mim mesmo, mas àquele que me enviou.
>
> João 5:30

Jesus não perguntava a si mesmo o que fazer, Ele consultava a Deus. Em vez de seguir a Sua própria vontade, Ele seguia a vontade de Seu Pai. Quando tomava uma decisão, estava certa por não ser a Sua decisão. Era a vontade daquele que o enviou.

Jesus deixava claro que não era independente nem estava sozinho tentando fazer Sua própria vontade. Faríamos bem em seguir o Seu exemplo.

Às vezes, em vez de perceber a vontade de Deus e sermos obedientes a ela, determinamos o que queremos e pedimos a Deus que abençoe aquilo. Jesus disse que Ele não tinha o desejo de fazer o que lhe agradava. Seu objetivo e propósito era fazer a vontade do Pai celestial e de agradar-lhe. Ele disse às pessoas do Seu tempo: "O que vocês me veem fazer é o que eu vejo o Pai fazer. O que vocês me ouvem dizer é o que eu ouço o Pai dizer.

Não falo com base na minha própria autoridade, mas na autoridade do Pai."

Jesus não tinha problemas relativos à independência, e nós também não deveríamos ter. Precisamos entender que qualquer coisa que fizermos de maneira independente e separados de Deus, não dará nenhum bom fruto tanto para Ele quanto para nós.

INDEPENDÊNCIA É INFANTILIDADE

> Quando eu era menino, falava como menino, pensava como menino e raciocinava como menino. Quando me tornei homem, deixei para trás as coisas de menino.
>
> 1 Coríntios 13:11

Quando nosso filho Danny era adolescente, ele era um menino maravilhoso. Mas de muitas maneiras ainda era uma criança em seu modo de pensar, sua atitude e no seu comportamento. Como muitos adolescentes, ele era egocêntrico. Tudo em sua vida precisava girar em torno dele e beneficiá-lo. Ele se levantava de manhã falando sobre sua vida social, passava o dia falando sobre sua vida social e ia para a cama falando sobre sua vida social. Ele tinha um plano para cada minuto disponível, e tudo voltado para a gratificação dos seus próprios desejos. Cada pensamento, cada palavra e cada ato tinham a ver consigo mesmo e com o que o abençoaria e o faria feliz, quando Deus é aquele que sabe o que realmente nos abençoará e nos fará felizes e ordena os nossos passos para nos levar ao que Ele tem para nós.

Cristãos imaturos são como crianças pequenas ou adolescentes que planejam tudo de acordo com o que *eles* acham ser o melhor plano para eles. Se quisermos crescer no Senhor, precisamos aprender a buscar a vontade e o plano de Deus para as nossas vidas em vez da nossa própria vontade e do nosso plano. Precisamos estar decididos a não sair por aí de forma independente tentando realizar nossos próprios desejos ou atender às nossas próprias necessidades. Em vez disso, precisamos confiar no Senhor de todo o nosso coração e mente, e não depender do nosso próprio entendimento.

VENCENDO O ESPÍRITO DE INDEPENDÊNCIA

> Confie no Senhor de todo o seu coração e não se apoie em seu próprio entendimento; reconheça o Senhor em todos os seus caminhos, e ele endireitará as suas veredas.
>
> Não seja sábio aos seus próprios olhos; tema ao Senhor e evite o mal.
>
> Provérbios 3:5-7

Esta passagem não quer dizer que precisamos buscar uma palavra ungida de Deus sobre cada decisão tomada a cada minuto no curso da nossa vida diária. Isso não seria possível. Deus coloca sabedoria em nós sob a forma do Seu Espírito Santo, para que andemos de acordo com essa sabedoria passo a passo. Mas o Senhor quer que o conheçamos, e o reconheçamos. Ele quer que estejamos cientes da presença do Seu Espírito e que andemos com uma confiança tranquila e em obediência a Ele.

Há algum tempo ouvi um ministro muito conhecido dizer: "Faz muito, muito tempo que Deus me disse: 'Faça isto'. Mas isso não me incomoda, pois ainda estou ocupado fazendo a última coisa que há anos Ele me disse para fazer."

Deus espera que andemos com sabedoria, mas também espera que estejamos conscientes daquilo que estamos fazendo, nos importando realmente com isso. Reconhecê-lo em todos os nossos caminhos é muito importante, pois Ele dirigirá as nossas veredas. Se começarmos a nos desviar de uma forma ou de outra, Ele chamará nossa atenção e nos fará voltar ao caminho certo, como lemos em Isaías 30:21:

> *Quer você se volte para a direita quer para a esquerda, uma voz atrás de você lhe dirá: "Este é o caminho; siga-o."*

Insultamos Deus quando passamos pela vida planejando tudo sem consultá-lo ou sem nos importarmos com o que Ele pensa, mas esperando que Ele faça tudo dar certo conforme nós pretendemos só por ser aquilo que queremos.

Assim como o orgulho, a independência é pecado. A independência demonstra falta de confiança em Deus. Ela transmite a seguinte mensagem: "Quero cuidar de mim mesmo porque se eu fizer as coisas do meu jeito, sei que elas serão bem feitas." A independência demonstra que você não confia que a maneira de Deus lidar com algo possa ser melhor do que o seu próprio plano.

Quantos de nós somos assim? Não queremos que ninguém nos ajude porque não queremos depender de ninguém. Preferiríamos fazer tudo sozinhos a precisar pedir ajuda. É exatamente por isso que Deus dá a cada um de nós somente uma parte da resposta, para precisarmos trabalhar juntos para realizar Sua vontade em nossas vidas.

Se quisermos fazer a vontade de Deus, precisamos estar dispostos a nos envolver com as pessoas.

Para alguns de nós que temos personalidades fortes e independentes, este é um grande problema. Geralmente, quanto mais forte é a nossa personalidade, mais fraquezas e incapacidades Deus precisa deixar em nós de modo a não termos outra escolha, que não seja depender dele e dos outros.

Em 2 Crônicas 20, lemos a oração do Rei Josafá ao Senhor quando Judá enfrentou uma invasão dos inimigos que eram mais poderosos do que ele. Aquele homem reconheceu que ele e o seu povo não tinham forças para enfrentar um exército tão grande, e acrescentou: "... não sabemos nós o que fazer; porém os nossos olhos estão postos em ti" (v. 12).

Essa é a declaração de uma pessoa que é dependente de Deus, e não independente: "Não sei o que fazer Senhor, e, se soubesse, não teria capacidade para fazer, mas os meus olhos estão postos em Ti."

Agrada ao nosso Pai celestial quando reconhecemos e confessamos a Ele nossa incapacidade de governar nossa própria vida. É isso que estamos fazendo quando dizemos: "Pai, ajuda-me! Preciso de Ti!"

Deus quer que sejamos dependentes dele, e quer que verbalizemos essa dependência, assim como Jesus fez. Quando o buscamos em oração, Ele quer ouvir de nós: "Pai, preciso de ti. Sem ti, nada posso fazer. Sem ti, não há esperança para mim. A não ser que Tu me guies, me conduzas, me fortaleças, e me sustentes, fracassarei todas as vezes."

OS DOZE INCOMPETENTES COMPETENTES

> Porque a loucura de Deus é mais sábia que a sabedoria humana, e a fraqueza de Deus é mais forte que a força do homem. Irmãos, pensem no que vocês eram quando foram chamados. Poucos eram sábios segundo os padrões humanos; poucos eram poderosos; poucos eram de nobre nascimento. Mas Deus escolheu o que para o mundo é loucura para envergonhar os sábios, e escolheu o que para o mundo é fraqueza para envergonhar o que é forte. Ele escolheu o que para o mundo é insignificante, desprezado e o que nada é, para reduzir a nada o que é, a fim de que ninguém se vanglorie diante dele.
>
> 1 Coríntios 1:25-29

Precisamos nos lembrar de que não são os nossos dons que importam, mas a unção de Deus. Ele geralmente não chama pessoas por causa de sua grande sabedoria, conhecimento, ou capacidade; em vez disso, Deus as chama por causa da sua tolice, ignorância e fraqueza, para que toda a glória seja dele e não delas.

Deus chama pessoas com talento, e depois passa anos ensinando-as que sem a unção dele seus talentos seriam totalmente inúteis. Em outros momentos, Ele chama pessoas que são tão incapazes que sabem que a única maneira de elas esperarem fazer qualquer coisa é dependendo totalmente dele a cada segundo.

Como Paulo escreveu, muitos de nós recaímos nessa segunda categoria. Neste aspecto, não somos diferentes dos primeiros discípulos que Jesus chamou.

A seguinte carta foi supostamente escrita para Jesus pela empresa *Administração e Consultoria Jordão*, em Jerusalém, relatando as descobertas feitas pela empresa sobre os doze homens que Jesus teria lhes submetido para avaliação:

> Prezado Senhor:
>
> Obrigado por nos submeter os currículos dos doze homens que o Senhor escolheu para ocuparem posições administrativas em sua nova organização. Todos eles passaram pela nossa bateria de testes; e não apenas inserimos seus resultados em nosso computador, como também marcamos entrevistas individuais para cada um deles com nosso psicólogo e consultor de aptidão vocacional...
>
> É a opinião da equipe que a maioria dos Seus indicados possui deficiências em termos de experiência, instrução e aptidão vocacional para o tipo de empreendimento que o Senhor está promovendo. Eles não possuem a mentalidade de equipe. Recomendamos que o Senhor dê prosseguimento à Sua busca por pessoas com experiência na área administrativa e aptidão comprovada.

> Simão Pedro é emocionalmente instável e dado a crises de raiva. André é completamente destituído de quaisquer qualidades de liderança. Os dois irmãos, Tiago e João, os filhos de Zebedeu, colocam o interesse pessoal acima da lealdade à empresa. Tomé demonstra uma atitude questionadora com tendências a minar o moral da equipe. Achamos que é nosso dever informar-lhe que Mateus encontra-se na lista negra do Procon de Jerusalém. Tiago, o filho de Alfeu, e Tadeu definitivamente tendem ao radicalismo, e ambos tiveram alta pontuação na escala de tendências maníaco-depressivas.
>
> Um dos candidatos, porém, demonstra ter um grande potencial. Ele é um homem com capacidade e sabedoria, facilidade de comunicação, com uma mente perspicaz para os negócios e tem contatos nos mais altos escalões. É altamente motivado, ambicioso e responsável. Recomendamos Judas Iscariotes como Seu gerente geral e braço direito. Todos os demais perfis são autoexplicativos.[2]

Basicamente, o que esta empresa de consultoria estava dizendo é que as pessoas que Jesus escolheu como Seus discípulos eram todas perdedoras. Sendo assim Ele não chegaria a lugar algum com elas, pois nunca seriam de qualquer valor para Ele.

Mas como vemos na carta de Paulo aos Coríntios, Deus escolhe deliberadamente os "nadas" deste mundo para poder usá-los a fim de confrontar os sábios e poderosos. O Senhor pega os zeros deste mundo e soma a eles o Seu poder, para que se tornem grandes para a Sua glória, como Ele diz em Zacarias 4:6: "Não por força, nem por violência, mas pelo Meu Espírito... Diz o Senhor dos exércitos."

Por nós mesmos e em nós mesmos, você e eu não somos nada. Não devemos tentar ser independentes, porque se fizermos isso fracassaremos sempre. Precisamos reconhecer nossa total dependência de Deus.

O motivo pelo qual somos tão mentalmente independentes pode ser o fato de aprendermos através de experiências amargas que ninguém neste mundo vai cuidar de nós ou se preocupará com nossos interesses além de nós.

Se você foi traído ou maltratado, como eu fui durante minha infância, você pode achar que todos estão determinados a feri-lo, abusar de você ou usá-lo. Pode pensar como eu pensei por muitos anos, que a única maneira de se proteger e garantir que não tirarão vantagem de você é mantendo o controle total sobre cada aspecto de sua vida. Nesse caso, quando Deus lhe pede para abrir mão desse controle para Ele, você pode achar quase impossível fazer isso. Mas você talvez não entenda que sua recusa em lançar os seus cuidados sobre o Senhor e confiar sua vida aos cuidados dele é simplesmente outra forma de rebelião.

AI DOS FILHOS REBELDES

> Ai dos filhos rebeldes, diz o SENHOR, que executam planos que não procedem de mim e fazem aliança sem a minha aprovação, para acrescentarem pecado sobre pecado!
>
> Que descem ao Egito sem me consultar, buscando refúgio em Faraó e abrigo, à sombra do Egito!
>
> Isaías 30:1-2, ARA

Essa é outra daquelas passagens das Escrituras na qual encontramos a palavra "Ai". Nela o Senhor declara uma maldição sobre os filhos rebeldes que deixam de confiar nele para aconselharem a si mesmos, executando seus próprios planos, e fogem para a "sombra do Egito" em vez de descansarem "à sombra do Onipotente".

Neste caso, fugir para a "sombra do Egito" se refere a voltar-se para o braço da carne em vez de depender do braço do Senhor. Em outras palavras, não devemos confiar em nós mesmos e nem nos outros, mas somente no Senhor. Não devemos fazer regras e regulamentos a respeito de tudo, mas devemos reconhecer o Senhor em todos os nossos caminhos para que Ele possa dirigir nossas veredas. Devemos encontrar a nossa força nele, e não em nós mesmos ou no mundo, que é sempre representado pelo Egito nas Escrituras.

O EGITO NÃO É UMA AJUDA

> Porque a força de Faraó se vos tornará em vergonha, e a confiança na sombra do Egito em confusão... Porque o Egito os ajudará em vão, e para nenhum fim.
>
> Isaías 30:3,7, ACF

Nessa passagem, o Senhor está nos dizendo: "Não deixem de confiar em mim para confiar nos seus próprios planos e estratagemas. Eles não vão funcionar, e vocês simplesmente acabarão humilhados e confusos. Antes de fazer qualquer coisa, confirmem comigo para ver se é isso que devem fazer. Não se voltem para o mundo em busca de respostas, pois ele não tem resposta alguma para dar. A salvação e a libertação estão comigo, e unicamente comigo."

UM MURO RACHADO

> Este pecado será para vocês como um muro alto, rachado e torto, que de repente desaba, inesperadamente. Ele o fará em pedaços como um vaso de barro, tão esmigalhado que entre os seus pedaços não se achará um caco que sirva para pegar brasas de uma lareira ou para tirar água da cisterna.
>
> Isaías 30:13-14

Quando você e eu fazemos nossos próprios planos ou corremos para outras pessoas em vez de confiar no Senhor, deixamos um ponto frágil no nosso muro de proteção divina. Quando menos esperarmos, o inimigo irá romper esse ponto frágil.

Deus não quer que tenhamos pontos de fragilidade em nossas vidas. Ele quer que dependamos dele e sejamos obedientes a Ele para que nosso muro permaneça forte e sólido e nossas vidas sejam abençoadas e plenas.

Quanto mais dependemos de Deus, mais Ele pode fazer através de nós. Mas às vezes passamos por um tempo de quebrantamento antes de experimentarmos as bênçãos.

Certa vez, por cerca de um ano e meio, achei que estivesse ficando louca. Tudo que eu conseguia fazer o dia inteiro era andar pela casa orando: "Ajuda-me, Senhor!" Eu nem sabia que tipo de ajuda precisava ou para quê. Agora, quando olho para trás, para aquela experiência, sei o que estava acontecendo. O espírito de independência estava sendo quebrado e arrancado de mim. Deus estava me levando ao ponto em que eu sabia que não podia fazer nada sem Ele.

Lembro-me de uma noite, quando estava me preparando para ir dormir, em que peguei um pequeno livro e comecei a ler. De repente, experimentei uma visitação de Deus. Durante cerca de quarenta e cinco minutos, fiquei sentada na beira da minha cama, chorando. Por fim, o Senhor falou comigo e disse: "Qualquer coisa boa que você faz não tem nada a ver com você. Eu sou aquele que é bom. Quando você se vê fazendo algo de bom, é apenas porque Eu lutei com você para sujeitar a sua carne por tempo suficiente para permitir que Minha glória brilhe através dela."

Às vezes, antes que Deus possa nos promover, Ele precisa nos lembrar de qual é o nosso lugar. No meu caso, o meu ministério estava prestes a passar por um período de crescimento repentino. Deus estava me preparando com antecedência, dizendo-me: "Vou fazer algo maravilhoso em sua vida e em seu ministério, e quando isso acontecer, você precisa se lembrar de que sou Eu e não você que está fazendo isso."

Deus estava me ensinando o que está ensinando a todos nós hoje: A solução para os nossos problemas encontra-se nele e tão somente nele.

VOLTE PARA MIM, DIZ O SENHOR

> Diz o Soberano Senhor, o Santo de Israel: "No arrependimento e no descanso está a salvação de vocês, na quietude e na confiança está o seu vigor, mas vocês não quiseram.
>
> Vocês disseram: 'Não, nós vamos fugir a cavalo'. E fugirão! Vocês disseram: Cavalgaremos cavalos velozes'. Velozes serão os seus perseguidores! Mil fugirão diante da ameaça de um; diante da ameaça de cinco todos vocês fugirão, até que vocês sejam deixados como um mastro no alto de um monte, como uma bandeira numa colina."
>
> Contudo, o Senhor espera o momento de ser bondoso com vocês; ele ainda se levantará para mostrar-lhes compaixão. Pois o Senhor é Deus de justiça. Como são felizes todos os que nele esperam!
>
> Isaías 30:15-18

O que Deus estava me dizendo naquela noite era a mesma coisa que Ele está nos dizendo hoje: "Ou você vai depender de Mim ou vai acabar no maior caos que já viu em toda a sua vida."

Precisamos aprender a depender totalmente de Deus. Se não fizermos isso, não conseguiremos fazer nada de valor. Sem Ele, nada podemos fazer.

Quando o Senhor me visitou em meu quarto naquela noite e me entregou essa mensagem, foi porque eu vinha disputando uma queda de braço com Ele havia muito tempo. Foi uma luta de vontades. Eu vinha fazendo as coisas da maneira como queria, de acordo com meus planos. Ele estava tentando me mostrar que eu precisava abrir mão de tudo isso para me submeter à Sua maneira e ao Seu plano. Ele estava me dizendo que eu precisava aprender a depender dele, a confiar nele de todo o meu coração e de toda a minha mente e entendimento, a reconhecê-lo em todos os meus caminhos. Ele estava me advertindo para que eu não fosse sábia aos meus próprios olhos, pois eu não sabia nem a metade do que pensava saber.

Eu achava que tinha tudo resolvido, mas Deus tinha novidades para mim.

A NOSSA VONTADE OU A VONTADE DE DEUS?

> Digo-lhe a verdade: Quando você era mais jovem, vestia-se e ia para onde queria; mas quando for velho, estenderá as mãos e outra pessoa o vestirá e o levará para onde você não deseja ir.
>
> João 21:18

Na passagem bíblica citada acima, creio que embora Deus estivesse na verdade falando a Pedro sobre o tipo de morte que ele sofreria, o Senhor também estava dizendo a Pedro que ele havia governado sua vida por muito tempo — em geral andando de acordo com as emoções e com sua própria vontade — mas que agora era hora de crescer. Era tempo de entregar as rédeas da sua vida a Deus. O Pai também estava lhe dizendo que talvez não gostasse de tudo que iria acontecer, mas finalmente tudo aquilo resultaria na glória de Deus.

Quando éramos cristãos bebês, fazíamos o que queríamos. Tomávamos nossas próprias decisões e seguíamos nosso próprio rumo. Para demonstrar Seu cuidado providencial, Deus abençoou nossos planos e deixou que eles dessem certo. Mas quando crescemos e nos tornamos cristãos maduros, às vezes somos obrigados a fazer coisas que não queremos fazer na esfera natural, em obediência às instruções de Deus. Ele não abençoa e não prospera mais os nossos planos e projetos infantis.

Durante algum tempo, Deus permite que demos as cartas, por assim dizer. Ele deixa que façamos tudo do nosso jeito com Sua bênção. Mas durante esse tempo, Ele já começou a estabelecer Sua maneira em nossas vidas. Em um determinado ponto, Deus começa a "lutar" conosco para nos colocar em submissão à Sua vontade e não à nossa. Ele começou a nos ensinar a colocar nossa confiança nele e não em nós mesmos.

Jesus perguntou a Pedro três vezes: "Simão Pedro, tu me amas?" Por três vezes Pedro respondeu: "Sim, Senhor, Tu sabes que eu Te amo" (ver João 21:15-17). Jesus tinha um motivo para fazer aquela pergunta a Pedro três vezes. Ele sabia que o amor de Pedro estava para ser posto à prova.

Ultimamente, o Senhor tem me dito "Joyce, você me ama? Se me ama, você ainda vai me amar e me servir mesmo se Eu não fizer tudo da maneira que você deseja ou mesmo quando você achar que Eu deveria?"

Na época em que o Senhor me visitou, eu estava pedindo a Deus um grande ministério. Na Sua visita, Ele me disse: "Joyce, se Eu lhe pedisse para ir até à beira do rio, aqui em St. Louis, e ministrar para cinquenta pessoas durante o restante da sua vida, sem nunca ser conhecida por ninguém, você o faria?"

A minha resposta foi: "Mas, Senhor, com certeza o Senhor não pode estar me pedindo para fazer isso!"

Sempre temos planos muito grandiosos para nós mesmos. Se Deus nos pede para fazermos algo que não tenha muito destaque, nem sempre temos certeza de que o estamos ouvindo corretamente ou se aquilo é realmente a vontade dele para nós!

Quando Deus me fez aquelas perguntas sobre o meu ministério, senti-me como acredito que Abraão deve ter se sentido quando o Senhor lhe pediu para sacrificar seu filho Isaque, através de quem Ele havia prometido abençoá-lo e abençoar todas as nações da terra (Gênesis 22). Parecia que Deus estava me pedindo para desistir exatamente da obra que havia me dado e através da qual Ele abençoava muitas outras pessoas assim como a mim. Mas Deus não estava me pedindo para abrir mão desse ministério. Estava apenas me pedindo para colocá-lo sobre o altar, como Abraão colocou Isaque no altar diante do Senhor.

Não devemos permitir que nada — nem mesmo nosso trabalho para Deus — se torne mais importante para nós do que o próprio Deus. Para impedir que isso aconteça, de tempos em tempos Deus nos chama para depositarmos tudo sobre o altar como prova do nosso amor e compromisso. Ele nos testa nos pedindo para entregarmos nossa bênção mais preciosa como prova do nosso amor a Ele.

No meu caso, o Senhor me levou ao ponto em que precisei dizer: "Sim, Senhor, eu o farei. Se é isto o que Tu queres, irei até à beira do rio e ministrarei para cinquenta pessoas pelo restante da minha vida. Eu te amo o suficiente para fazer isso."

Eu estava chorando quando disse isso, mas estava falando sério. Caí de joelhos e clamei em lágrimas: "Senhor, não tenho nada para te dar a não ser a mim mesma, a minha vontade e o meu amor. Que seja feita a Tua vontade, e não a minha."

Quando chegarmos ao ponto em que podemos assumir sinceramente este tipo de compromisso, Deus começará a nos honrar e a executar Seu plano para a nossa vida.

Deus tinha um plano em mente diferente do que Pedro tinha para si mesmo. Pedro era uma pessoa de cabeça quente e muito capaz. Estava sempre saindo pela tangente e falando sem pensar no que ia dizer.

Mas o Senhor amava Pedro. Ele sabia os planos que tinha para ele, planos de abençoá-lo e de lhe fazer bem, e não de prejudicá-lo ou de lhe causar dor. Mas Ele também sabia que precisava tratar com Pedro por causa da sua tendência de ceder à carne. Era isto que Jesus queria dizer quando falou para Pedro que estava orando por ele — da mesma maneira que Ele está orando neste instante por você e por mim (Hebreus 7:25).

PASSANDO POR TEMPOS DE PROVAÇÃO

> Simão, Simão, Satanás pediu vocês para peneirá-los como trigo. Mas eu orei por você, para que a sua fé não desfaleça. E quando você se converter, fortaleça os seus irmãos.
>
> Lucas 22:31-32

Imagino que essas notícias não tenham sido muito boas para Pedro. Estou certa de que ele provavelmente teve vontade de dizer: "Mas, Senhor, se existe um problema com Satanás, por que o Senhor simplesmente não resolve isso?"

Mas não foi essa a resposta que Jesus deu a Pedro. Ele lhe disse que havia orado especificamente por ele, e que quando Pedro se convertesse deveria fortalecer e firmar os outros discípulos. Jesus não orou para que Pedro ficasse livre da provação. Orou para que a fé de Pedro não desfalecesse quando ele estivesse *passando* por aquele tempo de provação.

Essa é a mesma oração que Jesus está fazendo por você e por mim neste instante. Ele está orando para que passemos pelos tempos de provação em nossas vidas e saiamos deles fortalecidos e revestidos de poder para que possamos fortalecer e revestir outros de poder para viverem com alegria, paz e em vitória.

É muito importante aprendermos a enfrentar o inimigo e a não estarmos sempre esperando que alguém faça isso por nós. Se entregarmos nossa vida ao Senhor totalmente e completamente, Ele talvez nem sempre faça tudo exatamente como gostaríamos que Ele fizesse ou quando nós gostaríamos que Ele fizesse. Mas qualquer coisa que Ele venha a fazer, será certa, e será o melhor naquela situação.

Mas podemos realmente confiar que Deus fará por nós o que precisa ser feito em cada situação da vida?

DEUS PROVERÁ

> Depois disso o Senhor designou outros setenta e dois e os enviou dois a dois, adiante dele, a todas as cidades e lugares para onde ele estava prestes a ir.
>
> E lhes disse: "A colheita é grande, mas os trabalhadores são poucos. Portanto, peçam ao Senhor da colheita que mande trabalhadores para a sua colheita. Vão! Eu os estou enviando como cordeiros entre lobos. Não levem bolsa, nem saco de viagem, nem sandálias; e não saúdem ninguém pelo caminho".
>
> Lucas 10:1-4

Quando o Senhor enviou os setenta para prepararem o caminho para a Sua chegada, Ele lhes disse: "Eu estou enviando vocês para fazerem um trabalho para Mim, mas não levem nada com vocês para cuidarem de si mesmos."

Creio que há um princípio espiritual estabelecido nesta passagem. O ponto não é que sejamos proibidos de levar bolsas, sapatos e roupas conosco quando viajamos de um lugar para outro para ministrar. O ponto é que devemos ser obedientes para fazer a vontade de Deus, confiando que Ele suprirá as necessidades que sabe que teremos.

Em Lucas 22:35, Jesus perguntou aos Seus discípulos: "Quando eu os enviei sem bolsa, saco de viagem ou sandálias, faltou-lhes alguma coisa? 'Nada', responderam eles."

Se o Senhor nos enviou para fazer a Sua obra, é responsabilidade dele providenciar as coisas necessárias para a nossa provisão. Ele prometeu que se cuidarmos da Sua colheita, Ele cuidará das nossas necessidades.

OS CAMELOS ESTÃO CHEGANDO!

> Depois que Jesus nasceu em Belém da Judéia, nos dias do rei Herodes, magos vindos do Oriente chegaram a Jerusalém e perguntaram: "Onde está o recém-nascido rei dos judeus? Vimos a sua estrela no Oriente e viemos adorá-lo."
>
> Depois de ouvirem o rei, eles seguiram o seu caminho, e a estrela que tinham visto no Oriente foi adiante deles, até que finalmente parou sobre o lugar onde estava o menino. Quando tornaram a ver a estrela, encheram-se de júbilo.
>
> Ao entrarem na casa, viram o menino com Maria, sua mãe, e, prostrando-se, o adoraram. Então abriram os seus tesouros e lhe deram presentes: ouro, incenso e mirra.
>
> Mateus 2:1,2,9-11

Todos nós nos lembramos da história do Natal; a maneira como Jesus nasceu de Maria em um estábulo e foi colocado em uma manjedoura, a vinda dos Reis Magos do Oriente seguindo uma estrela que os guiou ao Menino Santo e a forma com que eles o adoraram, depositando diante dele presentes preciosos, ouro, incenso e mirra.

Nesta história, vemos que Maria e José não estavam atrás de presentes. Embora tenham sido obrigados a passar a noite em um estábulo frio e escuro, eles não enviaram mensagens pedindo presentes. Mas pelo fato de estarem no centro da vontade de Deus, Ele enviou até eles os Reis Magos do Oriente montados em camelos carregados de provisões.

Certa vez, ouvi um sermão pregado sobre este assunto em uma igreja em Minnesota. Ele tinha o título "Os Camelos Estão Chegando." A mensagem básica era que se estivermos no centro da vontade de Deus, Ele sempre trará nossa provisão até nós. Não precisamos tentar correr atrás dela; ela correrá atrás de nós. Não é necessário tentar fazer as coisas acontecerem; Deus as trará até nós.

Deixe-me dar-lhe um exemplo.

A igreja onde este sermão foi pregado estava envolvida em um programa de construção e precisava de muito dinheiro, então eles realmente captaram a imagem de Deus enviando camelos com a provisão deles. Na verdade, era uma imagem tão vívida para eles, que logo eles estavam com pequenos camelos em suas mesas e escrivaninhas para lembrá-los disso. "Os Camelos Estão Chegando!"

Eles precisavam de pelo menos cem mil dólares para honrarem o pagamento que em breve estaria vencendo, mas sentiram que Deus estava lhes dizendo para não pedirem o dinheiro emprestado. Quando chegou a data de vencimento do pagamento, eles foram ao banco e tentaram pedir aquele valor emprestado assim mesmo, mas o seu pedido de empréstimo foi negado. Estou convencida de que o empréstimo lhes foi negado por não ser a vontade de Deus para eles, então Ele bloqueou esse caminho.

Quando um caminho em nossa vida é bloqueado, antes de começarmos a seguir em frente, devemos recuar e consultar o Senhor. Pode ser que este não seja o caminho que Deus quer que sigamos.

O mesmo aconteceu com Paulo e sua equipe ministerial, como vemos em Atos 16: "Quando chegaram à fronteira da Mísia, tentaram entrar na Bitínia, mas o Espírito de Jesus os impediu" (v. 7). Dois versículos depois, Paulo recebeu a visão do homem da Macedônia: "... e lhe suplicava: 'Passe à Macedônia e ajude-nos'" (v. 9). Às vezes, Deus precisa bloquear um caminho para que estejamos abertos para seguir por outro.

Certa vez, nosso ministério em St. Louis estava de olho em um prédio que achávamos ser necessário para nós. Reivindicamos aquele prédio dirigindo em torno dele sete vezes, dizendo: "Este prédio é nosso em nome de Jesus! Ele não será vendido até que possamos comprá-lo!"

Não demorou muito, e o prédio foi vendido — e não foi para nós!

O que isso nos disse? Que aquele prédio não era nosso, afinal. Em vez de irmos até lá e ficarmos na esquina repreendendo o diabo durante três horas e reivindicando o prédio, simplesmente concluímos: "Bem, Deus deve ter outro prédio em mente para nós, porque se fosse este, Ele o teria reservado para nós."

Em vez de ficarmos angustiados e fazermos tolices, apenas continuamos confessando: "Os camelos estão a caminho!" E eles finalmente chegaram — no tempo de Deus, e não no nosso.

Para o pastor desta igreja em Minnesota parecia que não havia maneira de eles fazerem os pagamentos devidos. Em um domingo à noite, um amigo do pastor apareceu para os cultos e o pastor pediu que ele subisse até à plataforma para exortar um pouco a congregação. O homem tirou um envelope do bolso e entregou-o ao pastor, dizendo: "Quero lhe dar isto para gastar como quiser. Eu estava orando por você para que Deus suprisse todas as suas necessidades, quando o Senhor me disse: 'Não ore, faça alguma coisa'".

O pastor abriu o envelope e encontrou dentro dele um cheque no valor de cem mil dólares! Voltando-se para a igreja, ele exclamou: "Glória a Deus, o nosso camelo acaba de chegar!"

Creio que os camelos chegarão para cada um de nós se permanecermos dentro da vontade de Deus. A única maneira de esperarmos por este tipo de provisão é sendo fiéis e ficando onde

Deus nos colocou e fazendo a obra que Ele nos deu por amor ao Seu Reino. Quando começamos a crer nisto, somos livres para lançar nossos cuidados sobre Ele. Não precisamos ficar acordados a noite inteira nos angustiando e ficando preocupados, tentando descobrir o que fazer para cuidar de nós mesmos. Podemos simplesmente depositar a nossa vida nas mãos de Deus.

DEPOSITE A SUA VIDA NAS MÃOS DE DEUS

> Por isso mesmo, aqueles que sofrem de acordo com a vontade de Deus devem confiar suas vidas ao seu fiel Criador e praticar o bem.
>
> 1 Pedro 4:19

Em cada dia de pagamento, quando vamos ao caixa eletrônico, colocamos o nosso depósito na máquina e esquecemos o assunto. Deixamos o nosso dinheiro com o banco, confiando que ele cuidará dele por nós. Do mesmo modo, quando entrarmos pelos portões do céu todas as manhãs em oração, precisamos depositar a nossa vida nas mãos de Deus, confiando que Ele cuidará de nós.

Isto é verdade especialmente quando estamos sendo maltratados e estamos sofrendo porque pertencemos a Deus e estamos fazendo o que é certo, sendo fiéis à Sua vontade para nós. Quando nos entregamos a Deus, precisamos parar de tentar procurar fazer justiça por nós mesmos, e simplesmente confiar nele para nos justificar e para resolver tudo da melhor maneira de acordo com a Sua vontade e o Seu plano. Foi isso que Jesus fez.

Quando sofreu abuso, foi injuriado e insultado, Jesus não pagou com a mesma moeda. Em vez disso, Ele confiou Sua vida inteiramente nas mãos de Deus, que julga todas as coisas e todas as pessoas com justiça.

Como seguidores de Jesus, nosso Exemplo, fomos chamados para seguir Suas pegadas. Assim como Ele, não devemos tentar fazer justiça com nossas próprias mãos, mas em vez disso, devemos nos entregar a Deus, confiando nele para resolver tudo para o bem de todos os envolvidos.

Passamos tanto tempo tentando cuidar de nós mesmos que não nos sobra tempo para desfrutar a vida. Ficamos tão ocupados cuidando de nós mesmos, tentando garantir que ninguém se aproveite de nós, que todos nos tratem corretamente, que acabamos recebendo a nossa cota de justiça.

Certa vez, fui convidada para pregar em uma determinada igreja que me garantiu que eu receberia uma oferta de amor no final da minha série de reuniões. Mais tarde, um pouco antes da hora em que as reuniões deveriam começar, a igreja ligou de repente e me informou que eu receberia um honorário, mas que não seria tirada nenhuma oferta de amor. Embora eu não tenha dito nada à igreja, fiquei preocupada e comecei a falar com minha secretária: "Se essas pessoas pensam que por um instante vão me fazer engolir isso, elas que se preparem para uma surpresa! Não irei! Você pode ligar e informar isso a elas!"

Alguns minutos depois, o Senhor falou comigo e disse: "Sim, você irá, e não dirá nada sobre esse assunto. Não vai se preocupar com o dinheiro. Você irá e ministrará como prometeu, e fará isso com doçura e mansidão. Confiará em Mim para cuidar de você."

Quando uma oferta de amor é recebida para um palestrante, todo o povo que está assistindo à reunião tem a oportunidade de contribuir. Quando um honorário é dado, a igreja decide o que o palestrante irá receber. Senti que a oferta provavelmente seria maior se todas as pessoas tivessem a oportunidade de dar. Deus queria que eu confiasse nele e acreditasse que Ele era capaz de fazer chegar a mim aquilo que Ele quisesse que eu recebesse independentemente de quem Ele iria usar para isso.

Às vezes, as pessoas tentam tirar vantagem de nós e do nosso ministério. Mas Deus nos ensinou a não fazer justiça com as nossas próprias mãos. Ele nos instruiu: "Simplesmente continuem sendo fiéis a Mim, fazendo o que Eu lhes digo para fazer. Às vezes pode parecer que as pessoas estão tirando vantagem de vocês, mas se vocês mantiverem os olhos em Mim, ninguém poderá se aproveitar de vocês, porque Eu sou o Deus de justiça. Parem de tentar fazer justiça com as próprias mãos, e deixem que Eu faça justiça por vocês."

Este mesmo princípio se aplica à angariação de dinheiro para suprir as necessidades do nosso ministério. Deus nos disse para lançarmos nossos cuidados sobre Ele, e Ele suprirá o que precisamos para executar a Sua obra.

Como ministra do Evangelho, meu trabalho não é passar a maior parte do meu tempo tentando calcular como conseguir dinheiro para pagar contas e construir prédios. Meu trabalho é ensinar e pregar, orar e abençoar pessoas. O trabalho de Deus é trazer a minha provisão até mim. Minha parte é compartilhar a Palavra com as pessoas com respeito a ofertar, permitir que conheçam nossas necessidades, confiar em Deus para operar no coração delas, e nos trazer o suficiente para suprir cada necessidade que temos.

Se estivermos envolvidos demais cuidando de nós mesmos, deixaremos de fazer o que fomos chamados para fazer, que é ministrar às necessidades dos outros. Seja o que for que nos aconteça, seja qual for a maneira como formos tratados ou maltratados, precisamos continuar a fazer a obra que Deus colocou diante de nós. Precisamos depositar nossas vidas nas mãos de Deus, confiando nele para nos justificar e nos vingar, nos proteger e nos suprir, nos ajudar e nos sustentar.

DEUS É AQUELE QUE NOS AJUDA E NOS SUSTENTA

Elevo os olhos para os montes: de onde me virá o socorro?

O meu socorro vem do SENHOR, que fez o céu e a terra.

Ele não permitirá que os teus pés vacilem; não dormitará aquele que te guarda.

É certo que não dormita, nem dorme o guarda de Israel.

O SENHOR é quem te guarda; o SENHOR é a tua sombra à tua direita.

De dia não te molestará o sol, nem de noite, a lua.

O SENHOR te guardará de todo mal; guardará a tua alma.

O SENHOR guardará a tua saída e a tua entrada, desde agora e para sempre.

Salmos 121:1-8, ARA

O Salmo 121 é um lindo hino sobre Deus como sendo aquele que ajuda e sustenta todos que confiam nele. Em meio a tempos de provação, devemos ler e meditar nele constantemente.

No Salmo 17:8, o salmista orou a Deus: “Protege-me como à menina dos teus olhos; esconde-me à sombra das tuas asas.” Já vimos como Deus prometeu cuidar e proteger aqueles que se refugiam à sombra das Suas asas, mas como a menina dos Seus olhos é protegida? Pela pálpebra. No instante em que o perigo ameaça, a pálpebra se fecha automaticamente, isolando qualquer coisa que seja prejudicial. É isso que Deus faz por todos nós que confiamos as nossas vidas em Suas mãos.

DEUS NOS RECOMPENSA

Mas vocês serão chamados sacerdotes do Senhor, ministros do nosso Deus. Vocês se alimentarão das riquezas das nações, e no que era o orgulho delas vocês se orgulharão. Em lugar da vergonha que sofreu, o meu povo receberá porção dupla,

> e ao invés da humilhação, ele se regozijará em sua herança; pois herdará porção dupla em sua terra, e terá alegria eterna. Porque eu, o Senhor, amo a justiça...
>
> Isaías 61:6-8

Hebreus 11:6 diz que Deus "... recompensa aqueles que o buscam." Assim, Deus não apenas nos ajuda e sustenta, como também é aquele que nos recompensa. Uma recompensa é um pagamento em retribuição, como o salário de um trabalhador (Gênesis 15:1).

Um dia Deus falou comigo e disse: "Joyce, você trabalha para Mim; você está na Minha folha de pagamentos. Se você se machucar de alguma maneira, você não precisa tentar buscar compensação ou vingança, porque Eu cuidarei de você — Eu a recompensarei, porque sou um Deus de justiça."

CONFIE NO DEUS DE JUSTIÇA

> Pois conhecemos aquele que disse: "A mim pertence a vingança; eu retribuirei"; e outra vez: "O Senhor julgará o seu povo."
>
> Hebreus 10:30

Você sabe o que Deus quer dizer quando Ele diz que Ele é o Deus de justiça? Ele quer dizer que mais cedo ou mais tarde Ele colocará tudo no lugar. Ele providenciará para que tudo que precisamos chegue até nós.

Como cristãos, não cabe a nós buscar vingança, mas sim orar pelos nossos inimigos, por aqueles que nos maltratam, abusam e tiram vantagem de nós. Se fizermos isso, Deus prometeu cuidar de nós.

Deus não apenas é aquele que nos ajuda e nos sustenta, e aquele que nos recompensa e restitui, mas é também o Justo Juiz.

Ele determina, resolve e soluciona a causa e os casos do Seu povo.

Você e eu precisamos colocar a Santa Trindade no julgamento da nossa causa. Tendo Jesus como nosso Amigo, o Espírito Santo como nosso Advogado e o Pai celestial como nosso Juiz, podemos nos aposentar da tarefa de cuidar de nós mesmos, sabendo que a justiça será feita — a fim de que possamos não andar ansiosos por coisa alguma.

Notas

Capítulo 2

1. *Webster's II New Riverside Desk Dictionary* (Boston: Houghton Mifflin Company, 1988), s.v. "ansiedade."

2. *Webster's NewWorld College Dictionary*, 3a. edição (N. Iorque: Macmillan, 1996). S.v. "ansiedade."

3. Maranatha Music: "He Has Made Me Glad" (Nashville, 1976).

Capítulo 6

1. James E. Strong, "Hebrew and Chaldee Dictionary", em *Strong's Exhaustive Concordance of the Bible* (Nashville, Abingdon, 1890), pg 52, lançamento nº3427, s.v. "habitar", Salmos 91:1.

Capítulo 7

1. Com base nas definições de W. E. Vine, Merrill F. Unger, William White Jr., *Vine's Complete Expository Dictionary of Old and New Testament Words* (Nashville: Thomas Nelson, Inc. 1984), "New Testament Section", pg 91, s.v. "LANÇAR", A. Verbos.

2. Vine, pg 89, s.v. "CUIDADO (substantivo), CUIDADOSO, CUIDADOSAMENTE, ATENÇÃO", A. Substantivos, 1.

3. Nota de rodapé referente a 1 Pedro 5:8 escrita por A. S. Worrell em *TheWorrel New Testament* (Springfield, MO: Gospel Publishing House, 1980), pg 352.

4. Ibidem

CAPÍTULO 8

1. Norman P. Grubb, *Rees Howells Intercessor* (Fort Washington, PA: Christian Literature Crusade, primeira publicação em 1952, edição em brochura 1967, esta edição de 1980 por disposição especial das editoras inglesas e americanas).

2. Tingay e Badcock, *These Were The Romans* (Chester Springs, PA: Dufour Editions, Inc., 1989).

3. James E, Strong, "Greek Dictionary of the New Testament", em *Strong's Exhaustive Concordance of the Bible* (Nashville: Abingdon, 1890), pg 47, lançamento Nº 3339, s.v. "transformar", 2 Coríntios 3:18.

4. Com base na definição que consta em Webster's 3d, s.v. "metamorfose": "uma mudança de caráter, aparência, condição, etc., evidente ou completa; a transformação física, mais ou menos repentina, sofrida por vários animais durante o desenvolvimento após o estado embrionário..."

CAPÍTULO 9

1. Estas fitas encontram-se disponíveis mediante solicitação. Para uma relação completa das fitas de ensino sobre este e outros assuntos, entre em contato com a autora no endereço que consta na parte de trás deste livro.

2. Robert E. Coleman, Timothy K. Beougher, Tom Phillips, William A. Shell, editoras; "Disciple Making: Training Leaders to Make Disciples", The Online Self Study Course; copyright © 1994 por Billy Graham Center Institute of Evangelism. Disponível em http://www.ehaton.edu/bgc/ioe/fud/chpt6.html; Internet.

Joyce Meyer é uma das líderes no ensino prático da Bíblia no mundo. Renomada autora de *best-sellers* pelo *New York Times*, seus livros ajudaram milhões de pessoas a encontrarem esperança e restauração através de Jesus Cristo.

Através dos *Ministérios Joyce Meyer*, ela ensina sobre centenas de assuntos, é autora de mais de 80 livros e realiza aproximadamente quinze conferências por ano. Até hoje, mais de doze milhões de seus livros foram distribuídos mundialmente, e em 2007 mais de três milhões de cópias foram vendidas. Joyce também tem um programa de TV e de rádio, *Desfrutando a Vida Diária®*, o qual é transmitido mundialmente para uma audiência potencial de três bilhões de pessoas. Acesse seus programas a qualquer hora no site www.joycemeyer.com.br

Após ter sofrido abuso sexual quando criança e a dor de um primeiro casamento emocionalmente abusivo, Joyce descobriu a liberdade de viver vitoriosamente aplicando a Palavra de Deus à sua vida, e deseja ajudar outras pessoas a fazerem o mesmo. Desde sua batalha contra um câncer no seio até as lutas da vida diária, Joyce Meyer fala de forma aberta e prática sobre sua experiência, para que outros possam aplicar o que ela aprendeu às suas vidas.

Ao longo dos anos, Deus tem dado a Joyce muitas oportunidades de compartilhar seu testemunho e a mensagem de mudança de vida do Evangelho. De fato, a revista *Time* a selecionou como uma das mais influentes líderes evangélicas dos Estados Unidos. Sua vida é um incrível testemunho do dinâmico e restaurador trabalho de Jesus Cristo. Ela crê e ensina que, independente do passado da pessoa ou dos erros cometidos, Deus tem um lugar para ela, e pode ajudá-la em seus caminhos para desfrutar a vida diária.

Joyce tem um merecido PhD em teologia pela Universidade Life Christian em Tampa, Flórida; um honorário doutorado em divindade pela Universidade Oral Roberts em Tulsa, Oklahoma; e um honorário doutorado em teologia sacra pela Universidade Grand Canyon em Phoenix, Arizona. Joyce e seu marido, Dave, são casados há mais de quarenta anos e são pais de quatro filhos adultos. Dave e Joyce Meyer vivem atualmente em St. Louis, Missouri.